Kohlhammer

Öffentliches Recht

Kompaktes Basiswissen im Staats- und Verwaltungsrecht

von

Dr. iur. utr. Christian Raap
Ministerialrat im Bundesministerium der Verteidigung

Verlag W. Kohlhammer

1. Auflage 2025

Alle Rechte vorbehalten
© W. Kohlhammer GmbH, Stuttgart
Gesamtherstellung: W. Kohlhammer GmbH, Heßbrühlstr. 69, 70565 Stuttgart
produktsicherheit@kohlhammer.de

Print:
ISBN 978-3-17-045959-5

E-Book-Formate:
pdf: ISBN 978-3-17-045960-1
epub: ISBN 978-3-17-045961-8

Vorwort

Dieses kleine Buch bezweckt, Basiswissen im Staats- und Verwaltungsrecht einschließlich des dazugehörigen Prozessrechts zu vermitteln.

Das Staatsrecht befasst sich mit den Grundlagen des Staates, dem Aufbau und den Aufgaben der obersten Staatsorgane, den Staatsfunktionen und den Grundrechten. Das Verfassungsrecht ist der in der Verfassung als rechtlicher Grundordnung des Staates niedergelegte Teil des Staatsrechts. Die Verfassung der Bundesrepublik Deutschland ist das Grundgesetz; die 16 Länder haben ebenfalls Verfassungen. Das Verwaltungsrecht enthält die Rechtssätze, die in spezifischer Weise für die öffentliche Verwaltung gelten. Das Verwaltungsrecht besteht aus dem allgemeinen und dem besonderen Verwaltungsrecht. Das allgemeine Verwaltungsrecht umfasst diejenigen Vorschriften, Grundsätze und Rechtsbegriffe, die für das gesamte Verwaltungsrecht gelten. Zum besonderen Verwaltungsrecht gehören die einzelnen Sachbereiche der öffentlichen Verwaltung (z. B. Polizei- und Ordnungsrecht, Beamtenrecht, Baurecht, Wirtschaftsverwaltungsrecht, Umweltrecht, Kommunalrecht).

Das Buch will einen ersten Überblick verschaffen, der eine gewinnbringende Arbeit mit Kommentaren, Handbüchern und Lehrbuchliteratur erleichtern soll.

Das Buch möchte darüber hinaus eine Hilfe sein, vor Prüfungen den Stoff gezielt zu wiederholen und in der Berufspraxis „verschüttetes" Wissen aus dem Studium aufzufrischen.

Zahlreiche, überwiegend Gesetzen und der Rechtsprechung entnommene Beispiele sowie graphische Übersichten und Prüfschemata veranschaulichen den Stoff.

Das Buch beruht auf drei Vorauflagen, die 1995, 2017 und 2019 unter anderem Titel in verschiedenen Verlagen erschienen waren.

Bonn, im März 2025   Christian Raap

Vorwort

Hinweis: Zur besseren Lesbarkeit und Verständlichkeit dieses Buches wurde auf die explizite Verwendung von männlichen und weiblichen Personenbezeichnungen verzichtet. Alle verwendeten Begriffe gelten gleichermaßen für beide Geschlechter und schließen auch diverse Geschlechtsidentitäten ein.

Inhaltsverzeichnis

Inhaltsverzeichnis

Inhaltsverzeichnis

Inhaltsverzeichnis

Abkürzungsverzeichnis

a. A.	anderer Ansicht
Abs.	Absatz
AEUV	Vertrag über die Arbeitsweise der Europäischen Union
AG	Aktiengesellschaft
allg. M.	allgemeine Meinung
Alt.	Alternative
AO	Abgabenordnung
arg.	argumentum (Beweis)
BAnz.	Bundesanzeiger
BauGB	Baugesetzbuch
BBG	Bundesbeamtengesetz
BeamtStG	Beamtenstatusgesetz
Bf.	Beschwerdeführer
BGB	Bürgerliches Gesetzbuch
BGBl.	Bundesgesetzblatt
BK	Bundeskanzler
BM	Bundesminister, Bundesministerium
BPr	Bundespräsident
BR	Bundesrat
BReg	Bundesregierung
Bsp.	Beispiel, Beispiele
BT	Deutscher Bundestag
BVerfG	Bundesverfassungsgericht
BVerfGG	Bundesverfassungsgerichtsgesetz
BVerwG	Bundesverwaltungsgericht
bzw.	beziehungsweise
d. h.	das heißt
EGGVG	Einführungsgesetz zum GVG
EGMR	Europäischer Gerichtshof für Menschenrechte
EMRK	Europäische Menschenrechtskonvention
EU	Europäische Union
EuGH	Gerichtshof der Europäischen Union
EUV	Vertrag über die Europäische Union
f., ff.	folgende, fortfolgende
FGO	Finanzgerichtsordnung

GastG	Gaststättengesetz
gem.	gemäß
GewO	Gewerbeordnung
GG	Grundgesetz
GmbH	Gesellschaft mit beschränkter Haftung
GOBT	Geschäftsordnung des Deutschen Bundestages
Grds.	Grundsatz, Grundsätze
grds.	grundsätzlich
GVG	Gerichtsverfassungsgesetz
Halbs.	Halbsatz
h. M.	herrschende Meinung
i. d. R.	in der Regel
i. e. S.	im engeren Sinne
i. S. d.	im Sinne der/des
i. S. v.	im Sinne von
i. V. m.	in Verbindung mit
i. w. S.	im weiteren Sinne
KG	Kommanditgesellschaft
LReg	Landesregierung
LT	Landtag
MdB	Mitglied(er) des Deutschen Bundestages
OHG	Offene Handelsgesellschaft
OVG	Oberverwaltungsgericht
OWiG	Gesetz über Ordnungswidrigkeiten
PartG	Parteiengesetz
Pr.	Präsident
Reg.	Regierung
Rn.	Randnummer, Randnummern
Rspr.	Rechtsprechung
s.	siehe
SGG	Sozialgerichtsgesetz
s. o.	siehe oben
sog.	so genannt
StPO	Strafprozessordnung
str.	streitig

Abkürzungsverzeichnis

StVO	Straßenverkehrs-Ordnung
s. u.	siehe unten
u. a.	unter anderem
u. U.	unter Umständen
VA, VAe	Verwaltungsakt, Verwaltungsakte
v. a.	vor allem
VB	Verfassungsbeschwerde
VerfR	Verfassungsrecht
VG, VGe	Verwaltungsgericht, Verwaltungsgerichte
VGH	Verwaltungsgerichtshof
VO, VOen	Rechtsverordnung, Rechtsverordnungen
Vw.	Verwaltung
VwGO	Verwaltungsgerichtsordnung
VwR	Verwaltungsrecht
VwV, VwVen	Verwaltungsvorschrift, Verwaltungsvorschriften
VwVfG	Verwaltungsverfahrensgesetz
VwVG	Verwaltungs-Vollstreckungsgesetz
VwZG	Verwaltungszustellungsgesetz
WBO	Wehrbeschwerdeordnung
z. B.	zum Beispiel
ZPO	Zivilprozessordnung
z. T.	zum Teil

§ 1   Strukturprinzipien der Verfassung

A.   Rechtsstaat

Die fünf Strukturprinzipien (Rechtsstaat, Bundesstaat, Demokratie, Republik, Sozialstaat) sind die Basis deutscher Staatlichkeit und bilden das normative Kernstück der Verfassungsordnung. **1**

Die Terminologie für diese Prinzipien ist nicht einheitlich. Als weitere Wendungen findet man u. a.: Staatsstrukturbestimmungen, Verfassungsprinzipien, verfassungsrechtliche Grundentscheidungen.
Von den Strukturprinzipien, die rechtlich unmittelbar gelten, unterscheiden sich die Staatsziele (u. a. Umwelt- und Tierschutz [Art. 20a GG]). Sie sind Vorgaben für den Gesetzgeber, die Ziele in einfaches Gesetzesrecht umzusetzen. Art. 20a GG verpflichtet den Staat zum Klimaschutz; dies zielt auch auf die Herstellung von Klimaneutralität (das in Art. 143h Abs. 1 Satz 1 GG genannte Jahr begründet keine zusätzlichen Pflichten des Staates).

Im Rechtsstaat ist alle Staatsgewalt rechtlich gebunden. Bei der Rechtsstaatlichkeit handelt es sich um ein elementares Verfassungsprinzip. Durch das in Art. 20 Abs. 3 GG und zahlreichen anderen Verfassungsnormen verankerte Rechtsstaatsprinzip wird die gesamte Staatsgewalt dem Recht als oberstem Ordnungsprinzip unterworfen. Ausdrücklich genannt ist es in Art. 28 Abs. 1 Satz 1 GG.
Über die Rechtssicherheit (s. u. Rn. 2–5), die Gewaltenteilung (s. u. Rn. 6), die Gesetzmäßigkeit der Vw. (s. u. Rn. 7–9) und den Rechtsschutz gegenüber der öffentlichen Gewalt (s. u. Rn. 10) hinaus sind als Bestandteile dieses vielfältig ausgeprägten allgemeinen Rechtsgrds. u. a. zu nennen: Grundrechtsbindung aller staatlichen Gewalt (Art. 1 Abs. 3 GG [s. u. Rn. 37]); Vorrang der Verfassung vor dem einfachen formellen Gesetz (zur Rangordnung der Rechtsquellen s. u. Rn. 156); Verfassungsgerichtsbarkeit (Art. 93 GG [s. u. Rn. 86 ff.]); Verhältnismäßigkeitsprinzip (s. u. Rn. 52).

I.   Rechtssicherheit

Die Rechtssicherheit erfordert, dass die Entscheidungen und die Reaktionen der Staatsgewalt vorhersehbar und berechenbar sind. Dies sind staatliche Eingriffe nur dann, wenn das zu ihnen ermächtigende Ge- **2** setz einerseits bestimmt genug gefasst ist und belastende Eingriffe andererseits grds. nicht rückwirkend zulässig sind.

1. Bestimmtheitsgebot

3 Nach dem Bestimmtheitsgebot sind Rechtsvorschriften so genau zu fassen, wie dies nach der Eigenart der zu ordnenden Lebenssachverhalte und mit Rücksicht auf den Normzweck möglich ist. Der Bürger muss in zumutbarer Weise feststellen können, welchen Inhalt eine Rechtsvorschrift hat.

Gegen das Bestimmtheitsgebot verstoßen nicht: Unbestimmte Rechtsbegriffe (z. B. kann die Behörde die Ausübung eines Gewerbes nach § 35 Abs. 1 Satz 0 GewO untersagen, wenn Tatsachen vorliegen, die die „Unzuverlässigkeit" des Gewerbetreibenden in Bezug auf dieses Gewerbe dartun); zu ihnen s. u. Rn. 188 f.; Generalklauseln (z. B. ist gem. § 138 Abs. 1 BGB ein Rechtsgeschäft nichtig, das gegen die „guten Sitten" verstößt); Verweisungen: statische Verweisungen, d. h. Verweisungen in Gesetzen auf eine bestimmte Fassung anderer Gesetze; dynamische Verweisungen, d. h. Verweisungen auf die jeweils geltende Fassung anderer Gesetze (nicht zulässig bei Eingriffsnormen).
Art. 103 Abs. 2 GG (rechtsstaatliche Grundlagen der Bestrafung) enthält ein striktes Bestimmtheitsgebot.

2. Grds. keine Rückwirkung belastender Rechtsnormen

4 **a) Echte Rückwirkung.** Eine echte Rückwirkung (Rückbewirkung von Rechtsfolgen), d. h. ein nachträglicher gesetzlicher Eingriff in abgewickelte, der Vergangenheit angehörende Tatbestände, ist bei belastenden Normen aus Gründen des Vertrauensschutzes grds. verboten. Ausnahmsweise ist sie zulässig, wenn zwingende Gründe des gemeinen Wohls oder ein nicht bzw. nicht mehr vorhandenes schutzbedürftiges Vertrauen des Einzelnen eine Durchbrechung gestatten.

Fälle zulässiger echter Rückwirkung: Der Bürger musste mit der neuen Norm rechnen; das geltende Recht ist unklar und verworren; eine nichtige Norm soll ersetzt werden; der entstehende Schaden ist nur gering (Bagatellfälle); zwingende Gründe des Gemeinwohls sprechen für die Rückwirkung.

Im Strafrecht ist jegliche Rückwirkung verboten (Art. 103 Abs. 2 GG). Voraussetzungen und Art jeder Strafe müssen durch ein zur Tatzeit geltendes Gesetz festgelegt sein. Art. 103 Abs. 2 GG verbietet sowohl die strafbegründende als auch die strafschärfende Rückwirkung.

b) Unechte Rückwirkung. Eine unechte Rückwirkung (tatbestandliche Rückanknüpfung), d. h. eine nachträgliche Einwirkung auf noch nicht voll abgeschlossene Tatbestände für die Zukunft, ist auch bei belastenden Vorschriften demgegenüber grds. zulässig und nur ausnahmsweise verboten, wenn der Vertrauensschutz des Bürgers überwiegt. **5**

II. Gewaltenteilung

Die Gewaltenteilung (Art. 20 Abs. 2 Satz 2 GG) ist ein für das GG tragendes Funktions- und Organisationsprinzip. Sie soll die Staatsgewalt durch Machtverteilung mäßigen und die Freiheit des Einzelnen schützen sowie für eine rationale und sachgerechte Organisation des Staates sorgen. Der Gewaltenteilungsgrds. gilt für die Bundes- und die Länderebene, nicht aber für die Kommunen als Teil der Vw. der Länder. Die staatlichen Aufgaben sind in drei Funktionsbereiche aufgeteilt (Gesetzgebung, Vollziehung [Reg., Vw. und Streitkräfte], Rspr.) und verschiedenen Organen zugewiesen (Gesetzgebung: BT; Vollziehung: BPr, BReg, Vw., Streitkräfte; Rechtsprechung: Gerichte [Art. 92 GG]). Grds. sind die drei Gewalten getrennt (sog. Gewaltentrennung). Sie kontrollieren und begrenzen sich gegenseitig (sog. Gewaltenhemmung). Besonders deutlich ist die Rspr. von der Gesetzgebung und Vollziehung abgegrenzt (Art. 92, 97 Abs. 1 GG). Im Übrigen sieht das GG zahlreiche Verschränkungen und Balancierungen von Legislative und Exekutive vor. **6**

Bsp. für Verschränkungen: Rechtsetzung durch die Exekutive (Erlass von VOen, Art. 80 GG; s. u. Rn. 143 ff.); Bestimmung der Spitze der Exekutive durch die Legislative (Wahl des BK durch den BT, Art. 63 GG).

III. Gesetzmäßigkeit der Verwaltung

Der Grds. der Gesetzmäßigkeit der Vw. (Art. 20 Abs. 3 GG) bindet die Vw. an die Regelungen des Gesetzgebers und unterwirft sie damit zugleich der Kontrolle der Verwaltungsgerichtsbarkeit. Das Prinzip gilt für das gesamte Handeln der Vw. Seine Elemente sind der Vorrang und der Vorbehalt des Gesetzes. **7**

1. Vorrang des Gesetzes

8 Die Vw. muss gem. den Gesetzen handeln und darf keine gegen die Gesetze verstoßenden Maßnahmen treffen. Die Bindung bezieht sich auf die Verfassung, formelle Gesetze und materielle Gesetze (VOen, Satzungen).

2. Vorbehalt des Gesetzes

9 Das Handeln der Vw. muss durch formelle Gesetze legitimiert sein. Dies gilt einerseits für Eingriffe in Freiheit und Eigentum der Bürger. Andererseits muss der parlamentarische Gesetzgeber in den für das Verhältnis von Staat und Bürgern grundlegenden Bereichen, v. a. hinsichtlich der Grundrechtsverwirklichung, alles Wesentliche selbst entscheiden (sog. Wesentlichkeitstheorie bzw. Wesentlichkeitsdoktrin).

Bsp.: Grundlegende schulrechtliche Organisationsmaßnahmen bedürfen eines Gesetzes. Die Beihilfegewährung für Beamte erfordert eine gesetzliche Regelung. Die Ausgestaltung der Vergabe von Studienplätzen an staatlichen Hochschulen ist Aufgabe des Gesetzgebers.

IV. Rechtsschutz

10 Das Grundrecht des Art. 19 Abs. 4 GG, eine Grundsatznorm für die gesamte Rechtsordnung, gewährleistet effektiven, individuellen gerichtlichen Rechtsschutz gegenüber der öffentlichen Gewalt, d. h. der Exekutive (Reg., Vw., Streitkräfte). Jedermann hat einen Anspruch auf eine tatsächlich wirksame Kontrolle von als rechtsverletzend empfundenen Maßnahmen durch staatliche Gerichte (Art. 92 GG) innerhalb angemessener Zeit. Art. 19 Abs. 4 GG gewährleistet sowohl den Zugang zu den Gerichten als auch die Wirksamkeit des Rechtsschutzes. Grds. besteht ein Anspruch auf die vollständige Nachprüfung der angefochtenen Maßnahme in rechtlicher und tatsächlicher Hinsicht. Das dem gerichtlichen Verfahren vorgeschaltete Verwaltungsverfahren darf nicht so angelegt werden, dass der gerichtliche Schutz unzumutbar erschwert wird. Der Kläger muss rechtlich, nicht nur faktisch betroffen sein (zur Abgrenzung der rechtlichen von der faktischen Betroffenheit s. u. Rn. 171). Der Gesetzgeber hat bei der Ausgestaltung des Rechtsschutzes einen erheblichen Spielraum. Die Rechtsschutzgarantie betrifft nicht Akte der Legislative und der Rspr. Art. 19 Abs. 4 GG gewährt Rechtsschutz durch den Richter, jedoch nicht gegen den Richter. Wurden mehrere gerichtliche Instanzen geschaffen, darf der Zugang zu ihnen nicht in unzumutbarer und durch Sachgründe nicht zu rechtfertigender Weise erschwert werden. Zum Instanzenzug in der Verwaltungsgerichtsbarkeit s. u. Rn. 219.

B. Bundesstaat

Als Bundesstaat (Art. 20 Abs. 1 GG) ist die Bundesrepublik Deutschland kein bloßer Staatenbund der Länder, sondern besitzt selbst Staatscharakter. **11**

Ein Staat im Rechtssinn besteht aus den drei Elementen Staatsgebiet, Staatsvolk und Staatsgewalt (sog. Drei-Elemente-Lehre).
Der Bundesstaat ist ein Staat aus Staaten. Der Gesamtstaat setzt sich aus Staaten zusammen. Sowohl der Gesamtstaat als auch die Gliedstaaten haben Staatscharakter (weitere Bsp.: Österreich, Schweiz, USA).
Beim Einheitsstaat gibt es nur eine einheitliche Staatsgewalt (häufig mit regionalen Untergliederungen, z. B. Frankreich).
Ein Staatenbund ist ein Zusammenschluss von Staaten mit gemeinsamen Organen und diesen übertragenen Aufgaben, aber selbst kein Staat (z. B. Deutscher Bund [1815–1866]).

Die Länder (nicht: „Bundesländer") sind als Glieder der Bundesrepublik Staaten mit eigener, nicht vom Bund abgeleiteter Staatsgewalt. Die Länder haben das Recht, die eigene Ordnung frei zu gestalten (sog. Verfassungsautonomie).

I. Homogenitätsgebot

Das GG lässt den Ländern grds. freie Hand in der Ausgestaltung ihrer Verfassungen und will nicht für Uniformität sorgen. Das Homogenitätsgebot (Art. 28 Abs. 1 GG) bindet die Verfassungsautonomie der Länder allerdings an die fünf Strukturprinzipien der Verfassung und an die Wahlrechtsgrds. (Art. 38 Abs. 1 GG, s. u. Rn. 17). Art. 28 Abs. 1 GG gewährleistet das für das Funktionieren eines Bundesstaats unerlässliche Maß an Homogenität zwischen Gesamtstaat und Gliedstaaten. Art. 28 Abs. 3 GG verpflichtet den Bund zu gewährleisten, dass in den Ländern diese Strukturprinzipien, die Wahlrechtsgrds. und die **12** kommunale Selbstverwaltungsgarantie (Art. 28 Abs. 2 GG [s. u. Rn. 57 ff.]) eingehalten werden. Gegen das Homogenitätsgebot verstoßendes Landesverfassungsrecht ist nichtig.

Bsp. für denkbare Verstöße der Länder gegen das Homogenitätsgebot: Einführung der Monarchie, der Diktatur oder eines Einparteiensystems; Abschaffung der Verantwortlichkeit der Reg. und der Gewaltenteilung.

II. Vorrang des Bundesrechts

13 Art. 31 GG („Bundesrecht bricht Landesrecht") regelt die Lösung von Kollisionen zwischen Bundesrecht und Landesrecht. Die Norm erfasst nur zuständigerweise erlassenes Bundesrecht. Ob es sich um Bundes- oder um Landesrecht handelt, beurteilt sich danach, wem das Organ, das den Rechtssatz geschaffen hat, zuzuordnen ist. „Bricht" bedeutet, dass entgegenstehendes Landesrecht nichtig, sein Erlass unzulässig ist (Geltungsvorrang). Mit dem Bundesrecht inhaltsgleiche Vorschriften des Landesrechts werden nicht gebrochen.

Für Grundrechte gilt Art. 142 GG, der den Bestand mit dem GG übereinstimmender Grundrechte des Landesverfassungsrechts sichert. Die Norm betrifft auch Grundrechte der Landesverfassungen, die erst nach Inkrafttreten des GG geschaffen wurden. Geschützt sind ferner weitergehende Grundrechte, die das GG nicht enthält. Zur Rangordnung der Rechtsquellen s. u. Rn. 156.

III. Bundestreue

14 Die Bundestreue, auch Grds. bundesfreundlichen Verhaltens genannt, ist ein ungeschriebener Verfassungsrechtssatz. Sie verpflichtet zum Zusammenwirken, zur gegenseitigen Rücksichtnahme und zur Unterstützung im Verhältnis der Länder zueinander, der Länder zum Bund und umgekehrt.

Bsp. für mögliche Verstöße: Willkürliche Ungleichbehandlung von Ländern durch den Bund; Nichteinschreiten eines Landes gegen ein Verhalten von Gemeinden, das der Bundeskompetenz widerspricht; erhebliche Beeinträchtigung gesamtstaatlicher Interessen durch ein Land.

IV. Verwaltungskompetenzen

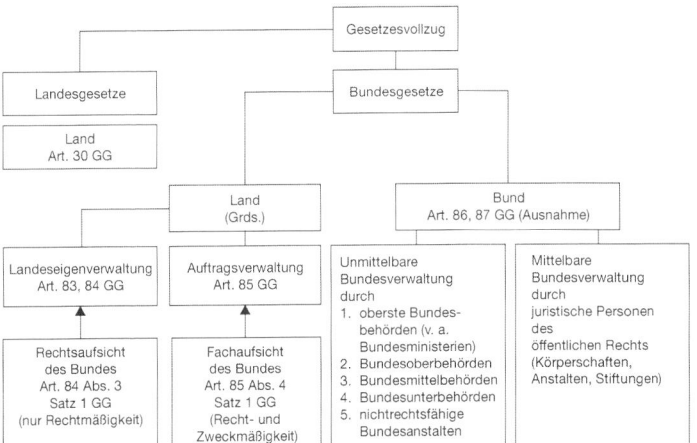

Zur Verteilung der Gesetzgebungskompetenzen s. u. Rn. 70 ff.

Es gibt drei Typen von juristischen Personen des öffentlichen Rechts:

– Körperschaften sind mitgliedschaftlich verfasste, unabhängig vom Wechsel ihrer Mitglieder bestehende Organisationen (z. B. Bund, Länder, Gemeinden, Gemeindeverbände; Bundesagentur für Arbeit; Ärztekammern, Handwerkskammern);

– Anstalten sind mit Personal- und Sachmitteln ausgestattete Organisationen; sie haben keine Mitglieder, sondern Benutzer (z. B. Bundesanstalt für Immobilienaufgaben, Deutsche Nationalbibliothek, Rundfunkanstalten);

– Stiftungen sind zweckgebundene Vermögensbestände; sie haben weder Mitglieder noch Benutzer, sondern Nutznießer (z. B. Stiftung Preußischer Kulturbesitz, Stiftung Bundeskanzler-Adenauer-Haus).

C.   Demokratie

16 Die Bundesrepublik Deutschland ist ein demokratischer Staat (Art. 20 Abs. 1 GG). Demokratie bedeutet Herrschaft des Volkes. Die Staatsgewalt (d. h. alles amtliche Handeln mit Entscheidungscharakter) muss vom Volk ausgehen (Art. 20 Abs. 2 Satz 1 GG) und darf keine andere Legitimationsgrundlage haben (Volkssouveränität); der Bürger hat einen Anspruch auf demokratische Selbstbestimmung. Das Volk übt die Staatsgewalt in Wahlen und Abstimmungen und durch besondere Organe der Gesetzgebung, der vollziehenden Gewalt und der Rspr. aus (Art. 20 Abs. 2 Satz 2 GG). Die Wahl ist im demokratischen Verfassungsstaat der zentrale Vorgang, in dem das Volk die Staatsgewalt selbst ausübt.

Oberste Bundesorgane (Verfassungsorgane) sind: BT, BR, BPr, BReg, BVerfG, Gemeinsamer Ausschuss (Art. 53a GG), Bundesversammlung (Art. 54 GG).

Der notwendige Zurechnungszusammenhang zwischen Volk und staatlicher Herrschaft wird v. a. durch die Wahl des Parlaments, durch die von ihm beschlossenen Gesetze als Maßstab der vollziehenden Gewalt, durch den parlamentarischen Einfluss auf die Politik der Reg. sowie durch die grds. Weisungsgebundenheit der Vw. gegenüber der Reg. hergestellt.

I.   Wesensmerkmale

17
1. Ursprung der Staatsgewalt beim Volk (Art. 20 Abs. 2 GG)
2. Wahlrechtsgrds. der Allgemeinheit, Unmittelbarkeit, Freiheit, Gleichheit und Geheimheit (Art. 38 Abs. 1 Satz 1 GG) sowie der Öffentlichkeit
3. Mehrparteiensystem (mindestens zwei regierungsfähige Parteien; Wettbewerbsdemokratie)
4. Demokratische Legitimation aller Staatsorgane und Amtsträger (u. a. Art. 51, 54, 60, 63, 64, 67, 68, 94 Abs. 1, 95 Abs. 2 GG)
5. Herrschaft auf Zeit (Art. 39, 54 Abs. 2, 69 Abs. 2 GG)
6. Mehrheitsprinzip und Minderheitenschutz (u. a. Art. 42 Abs. 2 Satz 1, 44, 46 GG)
7. Politische Meinungs- und Betätigungsfreiheit (Art. 5 Abs. 1, 8, 9 Abs. 1, 21 GG)

Der BT, das Hauptorgan der Gesetzgebung, ist in der parlamentarischen Demokratie des GG das zentrale Forum offener und transparenter politischer Auseinandersetzung und Entscheidungsfindung. Er bildet den verfassungsrechtlichen Ort der Debatte über alle die Gemeinschaft interessierenden Angelegenheiten. Der BT kontrolliert die BReg und soll eine handlungsfähige BReg fortlaufend unterstützen.

II. Freiheit des Abgeordneten

Die Abgeordneten als Elementareinheiten des BT sind gem. **18** Art. 38 Abs. 1 Satz 2 GG „an Aufträge und Weisungen nicht gebunden und nur ihrem Gewissen unterworfen". Diese Freiheit des Abgeordneten bezieht sich auf alle im Parlament zu treffenden Entscheidungen. Erfasst werden auch solche Entscheidungen, die den Abgeordneten nicht in Gewissensnot bringen.
Die Freiheit umfasst die sachliche und persönliche Unabhängigkeit, d. h. die grds. Unentziehbarkeit des Mandats. Sie schützt vor allen staatlichen Maßnahmen, die den Bestand und die Dauer des Mandats beeinträchtigen und die inhaltliche Bindungen der Mandatsausübung herbeiführen oder sanktionieren. Ein Fraktionszwang ist unzulässig.
Die Freiheit richtet sich auch gegen Private, insbesondere Parteien und Wähler. Das imperative Mandat ist verboten. Im Innenverhältnis des Abgeordneten zu seiner Partei ist ein Partei- und/oder Fraktionsausschluss zulässig. Die Partei kann jedoch nicht auf seinen Status einwirken (Außenverhältnis).

III. Parteien

Das GG erkennt die Parteien als verfassungsrechtlich notwendige Ins- **19** trumente für die politische Willensbildung des Volkes (Art. 21 Abs. 1 Satz 1 GG) an und erhebt sie in den Rang einer verfassungsrechtlichen Institution.

1. Begriff

Parteien sind frei gebildete, im gesellschaftlich-politisch Bereich wur- **20** zelnde Vereinigungen, die in den Bereich der institutionalisierten Staatlichkeit hineinwirken, ohne diesem selbst anzugehören. Sie werden definiert als (private) Vereinigungen von Bürgern, die dauernd oder für längere Zeit für den Bereich des Bundes oder eines Landes auf die politische Willensbildung Einfluss nehmen und an der Vertretung des Volkes im BT oder in einem LT mitwirken wollen; sie müssen nach dem Gesamtbild der tatsächlichen Verhältnisse eine ausreichende Gewähr für die Ernsthaftigkeit dieser Zielsetzung bieten (§ 2 Abs. 1 Satz 1 PartG; diese Legaldefinition konkretisiert den Parteienbegriff in verfassungsmäßiger Weise). Notwendig sind über die bloße Präsenz im Internet hinausgehende Tätigkeiten und Aktionen. Sog. Rathausparteien, die sich auf einzelne Gemeinden oder Landkreise beschränken, sind deshalb keine Parteien. Parteien gehören nicht zu den Staatsorganen, sondern wurzeln im gesellschaftlich-politischen Bereich.

2. Gewährleistungen

21   –   Gründungs- und Betätigungsfreiheit (Art. 21 Abs. 1 Satz 2 GG).
      –   Mehrparteiensystem (Art. 21 Abs. 1 Satz 1 GG: „die Parteien").
      –   Chancengleichheit (streng formale Gleichheit): Im GG ist die Chancengleichheit zwar nicht ausdrücklich normiert; sie ergibt sich aber aus der Gründungsfreiheit und dem Mehrparteienprinzip. Die Staatsorgane müssen im politischen Wettbewerb der Parteien Neutralität wahren. Das Gebot staatlicher Neutralität gilt nicht nur für den Wahlkampf, sondern auch für sämtliche Betätigungen der Parteien. Die schließt nicht aus, dass ein Mitglied der Reg. außerhalb seiner amtliche Funktion am politischen Meinungskampf teilnimmt. Eine Ungleichbehandlung durch den Staat ist nur aus besonderen, zwingenden Gründen zulässig.

3. Finanzierung

22   Wegen der Garantie eines funktionierenden Parteienwesens darf der Staat die Parteien finanzieren. Die Finanzierung ist aber begrenzt (§ 18 PartG) und orientiert sich u. a. am Erfolg der Partei bei den (letzten) Wahlen. Nach Art. 21 Abs. 1 Satz 4 GG müssen die Parteien über Herkunft und Verwendung ihrer Mittel sowie über ihr Vermögen öffentlich Rechenschaft geben (Transparenz- und Publizitätsgebot).

4.   Prozessuales

Gegen Maßnahmen der Vw. steht den Parteien der Verwaltungsrechts-   **23**
weg offen.

Bsp.: Zulassung zur Stadthalle für eine Parteiveranstaltung; Sendezeiten für
Wahlwerbung in öffentlich-rechtlichen Medien; Entscheidung des Pr. des BT im
Rahmen der Parteifinanzierung.

Rechtsverletzungen durch Verfassungsorgane des Bundes können Parteien vor dem BVerfG und durch Landesverfassungsorgane vor dem
jeweiligen Landesverfassungsgericht verfolgen.

Bsp.: Äußerungen des BPr, des BK oder eines BM über eine Partei; Öffentlich-
keitsarbeit der BReg vor Wahlen.

IV.   Wehrhafte Demokratie

Das GG bekennt sich zur wehrhaften bzw. streitbaren Demokratie, die   **24**
die Grundlagen des freiheitlichen demokratischen Verfassungsstaates
notfalls auch durch Eingriffe in die individuell oder kollektiv miss-
brauchte Freiheit ihrer Feinde verteidigt. Die Normentrias der Art. 9
Abs. 2, 18 und 21 Abs. 2 GG gehört zu den Kernbestandteilen präventi-
ven Verfassungsschutzes.

1.   Verwirkung von Grundrechten

Art. 18 GG setzt einen Missbrauch bestimmter Grundrechte (u. a. Mei-   **25**
nungs-, Presse- und Vereinigungsfreiheit) zum Kampf gegen die freiheitliche demokratische Grundordnung voraus. Art. 18 GG erfasst die individuelle verfassungsfeindliche Tätigkeit. Erforderlich sind aktiv-aggressive
Aktionen und die Prognose einer Gefährdung der Grundordnung. Mit
dem Verwirkungsausspruch des BVerfG (Verfahren: §§ 36 ff. BVerfGG)
verliert der Betroffene das Recht, sich auf das verwirkte Grundrecht zu
berufen.

Die freiheitliche demokratische Grundordnung umfasst die für den freiheitlichen Verfassungsstaat schlechthin unentbehrlichen Grundprinzipien: Menschenwürde (Art. 1 Abs. 1 GG, v. a. Wahrung personaler Individualität, Identität
und Integrität sowie elementare Rechtsgleichheit); Demokratieprinzip (Möglichkeit gleichberechtigter Teilnahme aller Bürger am Prozess der politischen
Willensbildung; Rückbindung der Ausübung der Staatsgewalt an das Volk
[Art. 20 Abs. 1, 2 GG]); im Rechtsstaatsprinzip wurzelnde Rechtsbindung der

öffentlichen Gewalt (Art. 20 Abs. 3 GG) und Kontrolle dieser Bindung durch unabhängige Gerichte; Gewaltmonopol des Staates (d. h. Anwendung physischer Gewalt nur durch gebundene und gerichtlicher Kontrolle unterliegende staatliche Organe).

2. Vereinsverbot

26 Das Vereinsverbot (Art. 9 Abs. 2 GG) richtet sich gegen kollektive verfassungsfeindliche Bestrebungen und erfordert den Erlass eines VA durch die zuständige Behörde; dieser hat konstitutive Wirkung. Die in Art. 9 Abs. 2 GG genannten Verbotsgründe sind abschließend. „Verfassungsmäßige Ordnung" bedeutet hier nicht die verfassungsmäßige Rechtsordnung (wie bei Art. 2 Abs. 1 GG), sondern die freiheitliche demokratische Grundordnung. §§ 3 ff. VereinsG regeln das Verbotsverfahren.

Verfassungsmäßige Ordnung i. S. v. Art. 2 Abs. 1 GG ist die Gesamtheit der Normen, die formell und materiell verfassungsgemäß sind.

3. Parteiverbot

27 Das Parteiverbot (Art. 21 Abs. 2 GG), die schärfste Waffe des demokratischen Rechtsstaats, ist eine Spezialregelung gegenüber dem Vereinsverbot (Art. 9 Abs. 2 GG). Das Entscheidungsmonopol liegt beim BVerfG (Verfahren: §§ 43 ff. BVerfGG). Materiell setzt das Verbot voraus, dass die Partei die Schwelle zur Bekämpfung der freiheitlichen demokratischen Grundordnung überschreitet. Gewichtige Anhaltspunkte müssen einen Erfolg ihres Handelns zumindest möglich erscheinen lassen. Wegen der in Art. 21 Abs. 2, 4 GG bezeichneten Voraussetzungen für das Verbot sind Parteien gegenüber sonstigen Vereinigungen privilegiert (sog. Parteienprivileg). Verfassungsfeindliche, aber nicht verbotene Parteien sind von der staatlichen Finanzierung ausgeschlossen (Art. 21 Abs. 3, 4 GG; Verfahren: § 46a BVerfGG).

D. Republik

28 Das im Staatsnamen verankerte republikanische Prinzip (Art. 20 Abs. 1 GG) ist eine Absage an die Monarchie und besagt, dass das Staatsoberhaupt nicht auf dynastischer Grundlage (Erbmonarchie) und nicht auf

Lebenszeit (Wahlmonarchie) berufen wird. Ausgeschlossen ist damit auch eine parlamentarische Monarchie.

E. Sozialstaat

Das Sozialstaatsprinzip (Art. 20 Abs. 1 GG) ist unmittelbar geltendes **29** Recht, das sich in erster Linie an den Gesetzgeber wendet. Es soll die wirtschaftlich Schwachen schützen. Der Staat ist verpflichtet, auch den Schwachen Freiheit von Not, ein menschenwürdiges Dasein und eine angemessene Beteiligung am allgemeinen Wohlstand zu gewährleisten. Das Prinzip zielt darauf ab, soziale Notlagen und Beeinträchtigungen zu bewältigen. Unmittelbare Rechtsansprüche des Einzelnen lassen sich aus der Sozialstaatsklausel allerdings nur ausnahmsweise ableiten (s. u. Rn. 31).

Konkretisierungen des Sozialstaatsprinzips: Schaffung sozialer Sicherungssysteme; Fürsorge für Hilfsbedürftige; Anspruch auf Gewährleistung eines menschenwürdigen Existenzminimums (Art. 20 Abs. 1 i. V. m. Art. 1 Abs. 1 GG), um die physische und soziokulturelle Existenz zu sichern.

§ 2 Grundrechte

A. Dimensionen

I. Abwehr

30 Die Grundrechte (Art. 1–17, 19 Abs. 4 Satz 1 GG) und die grundrechtsgleichen Rechte (Art. 20 Abs 4, 33 Abs. 1 bis 3 und 5, 38 Abs. 1 Satz 1 und Abs. 2, 101 Abs. 1 Satz 2, 103, 104 GG) sind in erster Linie Abwehrrechte der Bürger gegen den Staat. Sie dienen dem Schutz vor staatlichen Übergriffen.

II. Teilhabe

31 Die Grundrechte können Ansprüche des Einzelnen gegen den Staat begründen. Das GG kennt zwar keine originären Teilhaberechte, die unabhängig von vorhandenen, gesetzlich geregelten Leistungssystemen individuelle Ansprüche auf staatliche Leistungen gewähren. Innerhalb bestehender Leistungssysteme sind jedoch derivative Teilhaberechte möglich. Der Anspruch auf gleiche Teilhabe folgt aus Art. 3 Abs. 1 GG (ggf. i. V. m. dem betreffenden Freiheitsrecht und/oder dem Sozialstaatsprinzip [Art. 20 Abs. 1 GG, s. o. Rn. 29]).

Bsp.: Jeder Studienplatzbewerber hat ein Recht auf gleiche Teilhabe an staatlichen Studienangeboten und damit auf gleichheitsgerechte Zulassung zum Studium seiner Wahl.

III. Wertentscheidung

32 Die Grundrechte sind auch Wertentscheidungen objektiven Rechts, die für alle Bereiche der Rechtsordnung gelten und Gesetzgebung, Exekutive und Rspr. Richtlinien geben. Insbesondere müssen sich die staatlichen Organe schützend und fördernd vor die in Art. 2 Abs. 2 GG genannten Rechtsgüter (Leben, körperliche Unversehrtheit, Freiheit der Person) stellen (Schutzpflichten). Art. 6 Abs. 1 GG (Ehe, Familie) und Art. 14 Abs. 1 GG (Eigentum, Erbrecht) enthalten institutionelle Gewährleistungen.

B. Geltung

I. Grundrechtsträger

Träger von Grundrechten sind alle natürlichen Personen. Die Grund- **33**
rechte gelten überdies für inländische juristische Personen des Privatrechts (z. B. AG, GmbH), soweit das betreffende Grundrecht seinem
Wesen nach auf sie anwendbar ist (Art. 19 Abs. 3 GG).

Auf juristische Personen des Privatrechts sind z. B. anwendbar: allgemeiner
Gleichheitssatz (Art. 3 Abs. 1 GG); Versammlungsfreiheit (Art. 8 Abs. 1 GG);
Vereins- und Koalitionsfreiheit (Art. 9 Abs. 1, 3 GG); Eigentumsgarantie (Art. 14
Abs. 1 Satz 1 GG); nicht hingegen: Grundrechte mit höchstpersönlichem Bezug
(Menschenwürde [Art. 1 Abs. 1 GG], Recht auf Leben [Art. 2 Abs. 2 GG],
Schutz der Familie [Art. 6 Abs. 1 GG]).

Grds. gelten die Grundrechte nicht für juristische Personen des öffentli- **34**
chen Rechts (Körperschaften, Anstalten, Stiftungen), weil sie selbst
grundrechtsverpflichtet sind. Sie können sich aber auf die Justizgrund-
rechte (Art. 101 Abs. 1 Satz 2, 103 Abs. 1 GG) sowie solche Grundrechte
berufen, die die Autonomie bestimmter öffentlich-rechtlicher Einrichtungen gegenüber dem Staat sichern.

Bsp.: Rundfunkanstalten (Art. 5 Abs. 1 Satz 2 GG); Hochschulen und ihre Fa-
kultäten/Fachbereiche (Art. 5 Abs. 3 GG).

Durch die öffentliche Hand (z. B. Stadt) betriebene Unternehmen (z. B.
Stadtwerke) sind wie juristische Personen des öffentlichen Rechts zu
behandeln, auch wenn sie als AG oder GmbH privatrechtlich organi-
siert sind. Gleiches gilt für von der öffentlichen Hand vollständig oder
mehrheitlich beherrschte juristische Personen des Privatrechts (z. B.
Deutsche Bahn AG).

II. Begrenzung in Sonderstatusverhältnissen

Als Sonderstatusverhältnisse (Sonderrechtsverhältnisse, früher: beson- **35**
dere Gewaltverhältnisse) bezeichnet man solche Verhältnisse, die eine
engere Beziehung des Einzelnen zum Staat begründen und besondere,
über die allgemeinen Rechte und Pflichten des Bürgers hinausgehende
Pflichten, z. T. auch besondere Rechte entstehen lassen.

Bsp.: Beamten-, Wehrdienst-, Schul- und Strafvollzugsverhältnis.

Die Grundrechte gelten auch in Sonderstatusverhältnissen. Eine Einschränkung kommt nur dann in Betracht, wenn dies zur Erreichung eines von der Werteordnung des GG gedeckten gemeinschaftsbezogenen Zwecks unerlässlich ist und in den verfassungsrechtlich vorgesehenen Formen geschieht.

Bsp.: Beschränkung der Meinungsfreiheit (Art. 5 Abs. 1 Satz 1 GG) der Beamten durch die Verschwiegenheitspflicht (§ 67 BBG/§ 37 BeamtStG).

III. Drittwirkung

36 Die Grundrechte sind wegen ihres Primärcharakters als Abwehrrechte gegen den Staat nicht unmittelbar unter Privatpersonen anwendbar (keine unmittelbare Drittwirkung). In den Rechtsbeziehungen der Bürger untereinander kann sich deshalb niemand unmittelbar auf Grundrechte berufen. Die Grundrechte beeinflussen allerdings die Interpretation auch der privatrechtlichen Normen durch die Gerichte (Ausstrahlungswirkung bzw. mittelbare Drittwirkung der Grundrechte). Einbruchstellen der Grundrechte in das Privatrecht sind v. a. Generalklauseln (z. B. „gute Sitten", § 138 BGB). Missachtet oder verkennt ein Gericht die Relevanz eines Grundrechts im Privatrecht, verletzt es als Träger öffentlicher Gewalt die betreffende Grundrechtsnorm.

IV. Grundrechtsverpflichtete

37 Die Grundrechte binden gem. Art. 1 Abs. 3 GG Gesetzgebung, vollziehende Gewalt und Rspr. als unmittelbar geltendes Recht umfassend und insgesamt. Damit wird alle staatliche Gewalt im weitesten Sinne erfasst. Die Bindung trifft deshalb auch juristische Personen des öffentlichen Rechts. Sie gilt überdies, wenn der Staat öffentliche Aufgaben in den Formen des Privatrechts (Verwaltungsprivatrecht) wahrnimmt, durch ihn gehörende oder von ihm beherrschte juristische Personen des Privatrechts handelt oder hoheitliche Tätigkeiten durch Einschaltung Privater (sog. Beliehene) erfüllt. Die unmittelbare Grundrechtsbindung hängt mithin weder von der Handlungs- noch von der Organisationsform ab. Durch eine „Flucht in das Privatrecht" kann sich die öffentliche Gewalt nicht der Grundrechtsbindung entziehen.

C. Einteilung

38

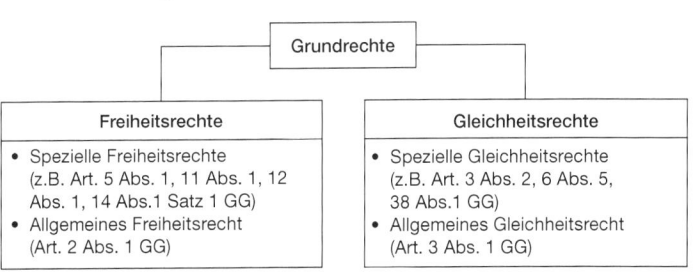

Allgemeine Grundrechtsnormen treten gegenüber den speziellen zurück. Sofern ein spezielles Freiheitsrecht einschlägig ist, darf deshalb nicht auf Art. 2 Abs. 1 GG zurückgegriffen werden. Entsprechendes gilt für das Verhältnis von Art. 3 Abs. 1 GG zu den speziellen Gleichheitsrechten.

D. Prüfung

I. Freiheitsrechte

1. Schutzbereich

a) Persönlich. Mit dem persönlichen Schutzbereich werden die durch **39** das Grundrecht geschützten Personen umschrieben. Bürgerrechte („Deutschen-Grundrechte") sind Deutschen (Art. 116 Abs. 1 GG) vorbehalten (z. B. Art. 8 Abs. 1, 9 Abs. 1, 12 Abs. 1 GG). Menschenrechte („Jedermann-Grundrechte") stehen sowohl Deutschen als auch Ausländern zu (z. B. Art. 5 Abs. 1 Satz 1, 17 GG). Ausländer können sich in jedem Fall auf das allgemeine Freiheitsrecht (Art. 2 Abs. 1 GG) berufen. Für juristische Personen des Privatrechts gilt Art. 19 Abs. 3 GG (s. o. Rn. 33).

40 **b) Sachlich.** Den sachlichen Schutzbereich bilden bestimmte Verhaltensweisen des Grundrechtsträgers, Zustände aus dessen Sphäre oder Rechtspositionen.

Bsp.: Äußern einer Meinung (Art. 5 Abs. 1 Satz 1 GG); körperliche Unversehrtheit (Art. 2 Abs. 2 Satz 1 GG).

2. Eingriff

41 Bei einem klassischen Grundrechtseingriff führt ein vom Staat unmittelbar und gezielt verfügtes Gebot oder Verbot zu einer Verkürzung grundrechtlicher Freiheit (z. B. Festnahme eines Tatverdächtigen durch die Polizei). Eine bloß faktische oder mittelbare Beeinträchtigung ist nur dann ein Eingriff, wenn sie in ihrer Zielsetzung oder Wirkung einem klassischen Eingriff gleichkommt (z. B. Erteilung einer Baugenehmigung an A, die für den Nachbarn B nachteilige Auswirkungen hat).

3. Schranken

42 Ein Grundrechtseingriff kann durch eine Schranke gerechtfertigt sein. Grundrechtsschranken dienen der Rechtfertigung von Grundrechtseingriffen.

43 **a) Verfassungsunmittelbare Schranken.** Eine verfassungsunmittelbare Schranke liegt vor, wenn die Verfassung selbst die Beschränkung festlegt.

Bsp.: „Rechte anderer" (Art. 2 Abs. 1 GG); „Recht der persönlichen Ehre" (Art. 5 Abs. 2 GG); „friedlich/ohne Waffen" (Art. 8 Abs. 1 GG).

44 **b) Gesetzesvorbehalt.** Ein grundrechtlicher Gesetzesvorbehalt liegt vor, wenn das Grundrecht den Gesetzgeber zu einer Beschränkung, Beeinträchtigung oder Regelung ermächtigt.

45 **aa) Einfacher Gesetzesvorbehalt.** Ein einfacher Gesetzesvorbehalt erlaubt die Beschränkung durch Gesetz oder aufgrund eines Gesetzes ohne nähere Qualifizierung.

Bsp.: Art. 2 Abs. 2 Satz 3, 8 Abs. 2, 10 Abs. 2 Satz 1 GG.

46 **bb) Qualifizierter Gesetzesvorbehalt.** Bei einem qualifizierten Gesetzesvorbehalt ist die Beschränkung nur unter bestimmten Voraussetzungen, zu näher bezeichneten Zwecken oder mit bestimmten Mitteln zulässig.

Bsp.: Bekämpfung besonders schwerer Unglücksfälle (Art. 11 Abs. 2 GG); Abwehr einer gemeinen Gefahr (Art. 13 Abs. 7 GG).

cc) „Allgemeine Gesetze". Die „allgemeinen Gesetze" (Art. 5 Abs. 2 GG) sind solche Normen, die sich nicht gegen die Äußerung einer Meinung als solche richten, sondern dem Schutz eines schlechthin ohne Rücksicht auf eine bestimmte Meinung zu schützenden Rechtsguts dienen. Die „allgemeinen Gesetze" sind ihrerseits im Lichte des Art. 5 Abs. 1 GG auszulegen; insoweit besteht eine Wechselwirkung. Art. 5 Abs. 2 GG gilt nur für Art. 5 Abs. 1 GG und kann deshalb in entsprechender Anwendung andere Grundrechte nicht begrenzen (Verbot der Schrankenleihe). **47**

c) Verfassungsimmanente Schranken. Normtextlich vorbehaltlose Grundrechte können durch verfassungsrechtlich geschützte Rechtsgüter beschränkt werden, denn die Verfassung bildet eine Einheit. Diese Rechtsgüter müssen einander so zugeordnet werden, dass beide zu optimaler Wirksamkeit gelangen können (sog. praktische Konkordanz). **48**

Verfassungsrechtliche geschützte Rechtsgüter sind u. a.: Grundrechte Dritter; Jugendschutz (Art. 5 Abs. 2, 11 Abs. 2, 13 Abs. 7 GG); Leistungs- und Funktionsfähigkeit der Hochschulen (Art. 5 Abs. 3 GG); Umwelt- und Tierschutz (Art. 20a GG); hergebrachte Grds. des Berufsbeamtentums (Art. 33 Abs. 5 GG).

d) Regelungs- und Ausgestaltungsvorbehalt. Einige Grundrechte kann der Grundrechtsträger erst verwirklichen, wenn der Gesetzgeber den Grundrechtsbereich geregelt oder ausgestaltet hat (z. B. Art. 4 Abs. 3 Satz 2, 12 Abs. 1 Satz 2, 14 Abs. 1 Satz 2, 38 Abs. 3 GG). Dieser Vorbehalt ist somit von den eigentlichen Schranken zu unterscheiden. **49**

4. Schranken-Schranken

a) Geschriebene Schranken-Schranken. – aa) Verbot des Einzelfallgesetzes. Art. 19 Abs. 1 Satz 1 GG verbietet grundrechtseinschränkende Individualgesetze. Ein Gesetz ist dann kein unzulässiges Einzelfallgesetz, wenn sich aufgrund der abstrakten Fassung des Gesetzeswortlautes tatsächlich nicht genau übersehen lässt, auf wie viele Fälle das Gesetz in Zukunft Anwendung findet, mag derzeit auch nur ein einziger Fall **50**

betroffen sein. Statthaft sind sog. Maßnahmegesetze, die auf einen konkreten Sachverhalt abstellen. Die gesetzliche Regelung eines Einzelfalls ist nicht ausgeschlossen, wenn der Sachverhalt so beschaffen ist, dass es nur einen Fall dieser Art gibt und die Regelung dieses singulären Sachverhalts von sachlichen Gründen getragen wird.

51   **bb) Zitiergebot.** Das Zitiergebot (Art. 19 Abs. 1 Satz 2 GG) hat für den Gesetzgeber eine Warn- und Besinnungsfunktion. Das förmliche Gesetz, das ein Grundrecht einschränkt oder dazu ermächtigt, muss ausdrücklich darauf hinweisen, dass das betreffende Grundrecht eingeschränkt wird.

Dieses Gebot gilt nicht für:
– grundrechtsbegrenzende Gesetze, die vor Inkrafttreten des GG ergangen sind (vorkonstitutionelle Gesetze);
– nach Inkrafttreten des GG ergangene Gesetze, die ältere Grundrechtsbeschränkungen nur unverändert oder mit geringen Abweichungen wiederholen;
– allgemeine Gesetze i. S. d. Art. 5 Abs. 2 GG;
– Fälle des Art. 2 Abs. 1 GG;
– Gesetze, die aufgrund eines Regelungs- oder Ausgestaltungsvorbehalts ergehen (s. o. Rn. 49).

52   **b) Ungeschriebene Schranken-Schranke.** Ungeschriebene Schranken-Schranke ist das Verhältnismäßigkeitsprinzip i. w. S. (Übermaßverbot) als allgemeiner verfassungsrechtlicher Grundsatz und eines der Elemente des Rechtsstaatsprinzips (s. o. Rn. 1).

aa) Isolierte Zielbetrachtung. Das gesetzgeberische Ziel muss auf das Allgemeinwohl gerichtet sein. Der Gesetzgeber muss einen legitimen Zweck verfolgen.

bb) Geeignetheit. Das Mittel ist geeignet, wenn mit seiner Hilfe der gewünschte Erfolg gefördert werden kann. Das Mittel braucht nicht optimal zu sein; es genügt, wenn es der Zweckerreichung dienlich ist.

cc) Erforderlichkeit. Es darf kein milderes Mittel geben, das den gleichen Erfolg bringen würde (Interventionsminimierung; Ziel-Mittel-Relation).

dd) Angemessenheit (Verhältnismäßigkeit i. e. S.). Das gesetzgeberische Ziel darf nicht außer Verhältnis zur Intensität des Eingriffs in das

Grundrecht stehen (Ziel-Ergebnis-Relation, Proportionalität). Die Unzumutbarkeit für den Grundrechtsträger dient als Kriterium.

c) Wesensgehaltsgarantie. Die Wesensgehaltsgarantie (Art. 19 Abs. 2   **53** GG) bildet eine absolute Eingriffsgrenze und bezweckt eine Sicherung der Grundrechtssubstanz. Wesensgehalt eines Grundrechts ist sein absolut feststehender Kern. Dieser Kern wird bereits bei Missachtung des Verhältnismäßigkeitsprinzips angetastet.

II. Gleichheitsrechte

Bei der Prüfung von Gleichheitsrechten ist zunächst das Vorliegen einer   **54** Ungleichbehandlung vergleichbarer Sachverhalte oder Personengruppen zu ermitteln und sodann zu untersuchen, ob die Ungleichbehandlung verfassungsrechtlich gerechtfertigt ist (zweistufige Prüfung).

1. Spezielle Gleichheitsrechte

Die speziellen Gleichheitsrechte (Art. 3 Abs. 2, Abs. 3, 6 Abs. 5, 33   **55** Abs. 1–3, 38 Abs. 1 GG) enthalten grds. Diskriminierungsverbote. Eine Ungleichbehandlung erfordert die Abwägung mit kollidierendem VerfR. Für die Abwägung gilt die praktische Konkordanz (s. o. Rn. 48). Art. 3 Abs. 3 Satz 1 GG lässt eine ungleiche Behandlung von Männern und Frauen nur aus biologischen Gründen zu.

2. Allgemeiner Gleichheitssatz

Art. 3 Abs. 1 GG enthält den allgemeinen Gleichheitssatz. Er ist nicht   **56** nur Grundrecht, sondern ein objektiv-rechtlicher Verfassungsgrundsatz in allen Bereichen. Art. 3 Abs. 1 GG gebietet, wesentlich Gleiches gleich und wesentlich Ungleiches ungleich zu behandeln.
Differenzierungen bedürfen stets der Rechtfertigung durch Sachgründe, die dem Ziel und dem Ausmaß der Ungleichbehandlung angemessen sind. Dabei gilt ein stufenloser, am Grds. der Verhältnismäßigkeit orientierter verfassungsrechtlicher Prüfungsmaßstab, dessen Grenzen sich nicht abstrakt, sondern nur nach dem jeweils betroffenen, unterschiedlichen Sach- und Regelungsbereichen bestimmen lassen.
Es gibt keine Gleichheit im Unrecht und damit keinen Anspruch auf Wiederholung; niemand kann sich somit auf rechtswidrig geregelte Pa-

rallelfälle berufen. Herausragende Bedeutung hat der allgemeine Gleichheitssatz im Steuer- und Abgabenrecht.

E. Anhang: Garantie der kommunalen Selbstverwaltung

57 Die kommunale Selbstverwaltung (Art. 28 Abs. 2 GG) ist eine der Grundlagen der Staatsordnung in Deutschland. Die Gemeinden sind ein Stück Staat, in diesen integriert und Träger der mittelbaren Staatsverwaltung. Das Selbstverwaltungsrecht macht die Gemeinden zu „Keimzellen der Demokratie". Es soll eine dezentrale, bürger- und sachnahe Vw. gewährleisten, die von den Einwohnern getragen wird sowie den geographischen und historischen Eigenheiten der kommunalen Gemeinschaft Rechnung trägt. Art. 28 Abs. 2 GG ist selbst kein Grundrecht, strukturell aber einem Grundrecht vergleichbar. Das zeigt auch die der Verfassungsbeschwerde (Art. 94 Abs. 1 Nr. 4a GG [s. u. Rn. 87 ff.]) parallele Kommunalverfassungsbeschwerde (Art. 94 Abs. 1 Nr. 4b GG).

I. Schutzbereich

58 Die Selbstverwaltungsgarantie der Gemeinden (Art. 28 Abs. 2 Satz 1 GG) umfasst alle Angelegenheiten der örtlichen Gemeinschaft (sog. Allzuständigkeit bzw. Universalität). Diese Angelegenheiten sind diejenigen Aufgaben, die das Zusammenleben und -wohnen der Menschen vor Ort betreffen oder darauf einen spezifischen Bezug haben. Die Garantie umfasst die Grundlagen der finanziellen Eigenverantwortung (Art. 28 Abs. 2 Satz 3 GG)).

Bsp. für gemeindliche Zuständigkeiten: Organisationshoheit (Kompetenz, Aufbau und Wirkungsweisen der eigenen Organe, Einrichtungen und Betriebe zu regeln); Kooperationshoheit (Schaffung gemeinschaftlicher Handlungsinstrumente zusammen mit anderen Gemeinden); Personalhoheit (Befugnis, das Vw.-Personal auszuwählen und voraussehbare Entwicklungen längerfristig zu steuern); Finanzhoheit (Befugnis zur eigenverantwortlichen Einnahmen- und Ausgabenwirtschaft); Recht auf adäquate Finanzausstattung; Planungshoheit (Festlegung der Bodennutzung im Gemeindegebiet); Energie- und Wasserversorgung; Abfallentsorgung.

Art. 28 Abs. 2 Satz 1 GG garantiert den Gemeinden ferner die Befugnis zu eigenverantwortlicher Führung der Geschäfte. Eigenverantwortlichkeit bedeutet Ermessens-, Gestaltungs- und Weisungsfreiheit bei gleichzeitiger Gesetzesbindung. Sie bezieht sich auf das „Ob", „Wann" und „Wie" der Aufgabenwahrnehmung.

Zu den grundlegenden Strukturelementen von Art. 28 Abs. 2 GG gehört die Eigenständigkeit der Gemeinden auch und gerade gegenüber den Landkreisen.

II. Eingriff

Die Selbstverwaltung kann durch alle Regelungen gemeindlicher Angelegenheiten durch andere Träger öffentlicher Gewalt (Bund; Länder; Gemeindeverbände; andere Gemeinden; (nicht: Private) beeinträchtigt werden). **59**

III. Schranken

Die Formel „im Rahmen der Gesetze" (Art. 28 Abs. 2 Satz 1 GG) ist ein Gesetzesvorbehalt, der Eingriffe in das Selbstverwaltungsrecht rechtfertigen kann. „Gesetze" i. S. d. Art. 28 Abs. 2 Satz 1 GG sind auch untergesetzliche Rechtsnormen, z. B. VOen. **60**

Bsp. für unzulässige Eingriffe: Abschaffung der Gemeinden überhaupt; innerliche Aushöhlung der Selbstverwaltung; unverhältnismäßige oder willkürliche Eingriffe.

Eingriffe unterliegen den Anforderungen des Verhältnismäßigkeitsprinzips (s. o. Rn. 52). Der Gesetzgeber hat die widerstreitenden Interessen der Effizienz der Vw. und der Bürgernähe in einen vertretbaren Ausgleich zu bringen. Grds. besteht ein Vorrang der interkommunalen Zusammenarbeit vor der sog. Hochzonung gemeindlicher Aufgaben auf die Landkreisebene.

IV. Gemeindeverbände

Gemeindeverbände sind alle Gebietskörperschaften zwischen Gemeinde und Land, insbesondere die (Land-)Kreise. Ihr Aufgabenkreis ist nach Art. 28 Abs. 2 Satz 2 GG gesetzlicher Bestimmung überlassen, wobei nur eine gewisse Aufgabenzuteilung bestehen muss. Die Kreise dürfen als Elemente des Verwaltungsaufbaus nicht abgeschafft werden. **61**

§ 3 Bezüge des Verfassungsrechts zum Völkerrecht und zum Europarecht

62 Das GG will eine internationale Friedensordnung und eine europäische Integration. Es gelten deshalb die verfassungsrechtlichen Grds. der Völkerrechts- und der Europarechtsfreundlichkeit.

A. Völkerrecht

63 Das Völkerrecht regelt die Beziehungen zwischen Staaten und anderen Völkerrechtssubjekten (v. a. internationalen Organisationen).

Rechtsquellen des Völkerrechts sind: völkerrechtliche Verträge; völkerrechtliches Gewohnheitsrecht; allgemeine Rechtsgrds. der Kulturvölker (Art. 38 Abs. 1 des Statuts des Internationalen Gerichtshofs). Diese drei Rechtsquellen stehen grds. gleichrangig nebeneinander.

Völkerrecht und nationales Recht sind zwei gesonderte Rechtsordnungen (sog. Dualismus). Jeder Staat hat die Pflicht, in seiner nationalen Rechtsordnung eine dem Völkerrecht entsprechende Lage herzustellen. Damit das Völkerrecht innerstaatlich gilt, ist ein innerstaatlicher Akt, der sog. Rechtsanwendungsbefehl, erforderlich.

64 Nach Art. 25 Satz 1 GG sind die „allgemeinen Regeln des Völkerrechts", d. h. das universell geltende völkerrechtliche Gewohnheitsrecht und die allgemeinen Rechtsgrds. der Kulturvölker, Bestandteil des Bundesrechts. Diese allgemeinen Regeln gehen im Rang dem einfachen Bundesrecht (nicht dem GG) und dem gesamten Landesrecht vor (Art. 25 Satz 2 GG); Den Rang oberhalb der Gesetze unterhalb des GG bezeichnet man als Zwischenrang; zur Rangordnung der Rechtsquellen s. u. Rn. 156.

Allgemeine Regeln des Völkerrechts sind u. a.: umfassende Immunität amtierender ausländischer Staatsoberhäupter, Regierungschefs und Außenminister vor Strafverfolgung; Vornahme von Hoheitsakten in einem anderen Staat nur mit dessen Zustimmung.

Bei völkerrechtliche Verträgen sind zur innerstaatlichen Geltung spezielle Rechtsanwendungsbefehle erforderlich. Völkerrechtliche Verträge, die die politischen Beziehungen des Bundes regeln oder sich auf Gegenstände der Bundesgesetzgebung beziehen, bedürfen nach Art. 59 Abs. 2 Satz 1 GG der Zustimmung oder Mitwirkung der gesetzgebenden Körperschaften (BT, BR) in der Form eines Bundesgesetzes. Bei Verwaltungsabkommen (Art. 59 Abs. 2 Satz 2 GG), die auch eine Verpflichtung zur Rechtssetzung enthalten (sog. normative Verwaltungsabkommen), erfordern den Erlass einer VO durch die BReg oder das zuständige BM (zu den VOen s. u. Rn. 143 ff.). Bei Abkommen mit nur administrativem Inhalt genügen VwVen (zu ihnen s. u. Rn. 153 ff.).

Die Bestimmungen des GG sind völkerrechtsfreundlich auszulegen. Der Text der EMRK und die Rspr. des EGMR dienen auf der Ebene des VerfR als Auslegungshilfen für die Bestimmung von Inhalt und Reichweite von Grundrechten und rechtsstaatlichen Grundsätzen des GG.

B.   Europarecht

Die EU ist ein Staatenverbund ihrer Mitgliedstaaten (also kein Bundesstaat, Staatenbund [s. o. Rn. 11] oder herkömmliche internationale Organisation [wie z. B. die Vereinten Nationen]). Sie besitzt Rechtspersönlichkeit (Art. 47 EUV) und ist eine supranationale Organisation mit einer eigenen Rechtsordnung. Supranationalität bedeutet „Überstaatlichkeit" und betrifft die Einwirkung der überstaatlichen Rechtsordnung auf die der Mitgliedstaaten. Die EU-Organe können in den inneren Bereich der Mitgliedstaaten durchgreifen (Durchgriffswirkung) und genießen Eigenständigkeit gegenüber den nationalen Regierungen. **65**

Das Europarecht (Unionsrecht) unterscheidet zwischen primären und sekundären Rechtsquellen. Primäres Unionsrecht sind v. a. die Grundlagenverträge (EUV; AEUV) und die Charta der Grundrechte der EU. **66**

Als sekundäres Unionsrecht wird das von den EU-Organen geschaffene Recht bezeichnet (Verordnungen, Richtlinien, Beschlüsse [Art. 288 AEUV]).

Eine Verordnung hat allgemeine Geltung; sie ist in allen ihren Teilen verbindlich und gilt unmittelbar in jedem Mitgliedstaat (Art. 288 Abs. 2 AEUV).

Eine Richtlinie ist für jeden Mitgliedstaat, an den sie gerichtet wird, verbindlich (Art. 288 Abs. 3 AEUV); sie bedarf der Umsetzung in innerstaatliches Recht. Setzt ein Mitgliedstaat eine Richtlinie nicht innerhalb der gesetzten Frist um, hat sie unmittelbare Wirkung zugunsten von Bürgern und Unternehmen.

Beschlüsse sind in allen ihren Teilen verbindlich (Art. 288 Abs. 4 AEUV). Sie können als adressatenlose Rechtshandlung oder als verbindliche Maßnahme gegenüber einem bestimmten Adressaten (Mitgliedstaat, Privatperson) ergehen.

67 Das Unionsrecht hat im Kollisionsfall Vorrang vor allen mitgliedstaatlichen Rechtsordnungen, damit es in allen Mitgliedstaaten einheitlich gilt und gleichmäßig angewendet wird (Anwendungsvorrang). Entgegenstehendes nationales Recht tritt zurück, wenn es mit dem Unionsrecht kollidiert. Es bleibt aber gültig und ist in allen Fällen ohne Bezug zum Unionsrecht anzuwenden.

68 Verfassungsrechtlich entscheidend für die Geltung des Unionsrechts in Deutschland ist der mit dem Zustimmungsgesetz zu den Grundlagenverträgen (Art. 23 Abs. 2 Satz 2 i. V. m. Art. 59 Abs. 2 Satz 1 GG) erteilte nationale Rechtsanwendungsbefehl; dieser markiert auch die Geltungsgrenzen des Unionsrechts für den deutschen Hoheitsbereich. Das Zustimmungsgesetz als nationaler Umsetzungsakt ist die Brücke des Unionsrechts in die deutsche Rechtsordnung (Brückentheorie). Zur Rangordnung der Rechtsquellen s. u. Rn. 156.

Um die einheitliche Anwendung des Unionsrechts zu wahren, ist nur der EuGH befugt festzustellen, dass eine Handlung eines EU-Organs gegen Unionsrecht verstößt. Wie andere Träger öffentlicher Gewalt in den Mitgliedstaaten sind auch die nationalen Gerichte verpflichtet, die volle Wirksamkeit des Unionsrechts zu garantieren.

§ 4 Verfassungsmäßigkeit eines Bundesgesetzes

Ein formelles Bundesgesetz (Parlamentsgesetz) ist verfassungsgemäß, **69** wenn es mit den formellen und den materiellen Vorgaben des GG in Einklang steht.

Von den formellen Gesetzen sind die VOen und Satzungen als untergesetzliche Rechtsnormen (materielle Gesetze) zu unterscheiden. Ihr Erlass rechnet zum Verwaltungshandeln (s. u. Rn. 143 ff.). Zur Rangordnung der Rechtsquellen s. u. Rn. 156.

A. Formelle Verfassungsmäßigkeit

I. Gesetzgebungskompetenzen

Das GG enthält eine vollständige Verteilung der Gesetzgebungskompe- **70** tenzen entweder auf den Bund oder die Länder. Doppelzuständigkeiten sind den Kompetenznormen fremd und wären mit ihrer Abgrenzungs-funktion unvereinbar.

Das GG geht vom Grds. der Länderkompetenz aus (Art. 70 Abs. 1 Halbs. 1 GG).

Bsp. für Ländergesetzgebungskompetenzen: Bauordnungsrecht; Kommunal-recht; Polizei- und Ordnungsrecht; Ladenschlussrecht; Schulrecht.

Der Bund hat die Gesetzgebungskompetenz nur, soweit sie ihm das GG verleiht (Art. 70 Abs. 1 Halbs. 2 GG); hinzukommen ungeschriebene Gesetzgebungskompetenzen des Bundes. Es besteht ein Regel-Ausnah-meverhältnis. Wegen des Umfangs der ihm verliehenen Gesetzgebungs-kompetenzen liegt allerdings beim Bund das faktische Schwergewicht.

1. Ausschließliche Gesetzgebung

Die ausschließliche Gesetzgebung ist durch ein exklusives Gesetzge- **71** bungsrecht des Bundes und eine automatische Sperrwirkung für die Landesgesetzgebung gekennzeichnet. Ihre Sachgebiete finden sich im Katalog des Art. 73 Abs. 1 GG und in zahlreichen weiteren Vorschriften des GG.

Bsp.: Auswärtige Angelegenheiten; Verteidigung; Melde- und Ausweiswesen.

Der Bund kann die Länder durch formelles Bundesgesetz zur Gesetzgebung ermächtigen (Art. 71 GG).

2. Konkurrierende Gesetzgebung

72 Die konkurrierende Gesetzgebung ist eine Vollkompetenz des Bundes. Es gibt drei Kompetenzbereiche. Bei der Kernkompetenz bzw. Vorrangkompetenz (Art. 72 Abs. 1 GG) kann der Bund allein aufgrund der Zuweisung eines Kompetenztitels tätig werden (Sachgebiete in Art. 74 Abs. 1 Nr. 1 bis 3, 6, 9, 10, 12, 14, 16 bis 19, 23, 24, 27, Art. 105 Abs. 2 Satz 2 Fall 1 GG). Bei Gebrauchmachen von der Kernkompetenz tritt für die Landesgesetzgebung eine Sperrwirkung ein.

Bsp.: Bürgerliches Recht; Strafrecht; Gerichtsverfassung; Arbeitsrecht; Recht des Apothekenwesens.

Bei der Bedarfskompetenz bzw. Erforderlichkeitskompetenz besteht das zusätzliche materielle Erfordernis einer bundeseinheitlichen Regelung (Art. 72 Abs. 2 GG; Sachgebiete in Art. 74 Abs. 1 Nr. 4, 7, 11, 13, 15, 19a, 20, 22, 25, 26, Art. 105 Abs. 2 Satz 2 Fall GG). Auch das Gebrauchmachen von der Bedarfskompetenz führt zur Sperrwirkung für die Länder.

Bsp.: Recht der Wirtschaft; Recht der Lebensmittel; Straßenverkehr.

Die Abweichungskompetenz gibt den Ländern die Befugnis, sich über Regelungen des Bundes hinwegzusetzen (Art. 72 Abs. 3 GG). Die Länder können auch gleichlautende Gesetze erlassen.

Bsp.: Jagdwesen; Wasserhaushalt; Hochschulzulassung und Hochschulabschlüsse; Grundsteuer.

3. Grundsatzgesetzgebung

73 Aufgrund der Grundsatzgesetzgebung erlassene Bundesgesetze müssen den Adressaten Gestaltungsspielräume belassen. Die Grundsätze gelten einheitlich für Bund und Länder.

Bsp.: Haushaltsrecht (Art. 109 Abs. 4 GG).

4. Ungeschriebene Gesetzgebungskompetenzen

74 Eine Zuständigkeit kraft Sachzusammenhangs besteht, wenn das Bundesgesetz nur bei Mitregelung einer nicht ausdrücklich zugewiesenen Materie sinnvoll ist.

Bsp.: Altersversorgung für Schornsteinfeger im Sachzusammenhang mit dem Handwerksrecht (Art. 74 Abs. 1 Nr. 11 GG); Wahlwerbung in öffentlich-rechtlichen Medien im Zusammenhang mit dem Parteienrecht (Art. 21 Abs. 3 GG).

Die Annexkompetenz betrifft eine unlösbar mit der Gesetzgebungskompetenz des Bundes verknüpfte Materie.

Bsp.: Regelung des Verwaltungsverfahrens in Bezug auf eine in der Bundeszuständigkeit liegenden Materie; Gefahrenabwehr in einem Bereich, für das der Bund die Gesetzgebungszuständigkeit hat (Eisenbahnen des Bundes, Luftverkehr).

Kraft Natur der Sache besitzt der Bund die Gesetzgebungskompetenz für solche Materien, bei denen eine Regelung durch die Länder zwingend ausgeschlossen ist.

Bsp.: Festlegung des Sitzes der Verfassungsorgane (zu ihnen s. o. Rn. 16) sowie der Bundessymbole.

II. Gesetzgebungsverfahren

Der BT ist Hauptorgan der Gesetzgebung (vgl. Art. 77 Abs. Satz 1 GG). **75** Der BR als Bundesorgan (also keine „Länderkammer") wirkt beim Gesetzgebungsverfahren mit (Art. 50 GG); er ist deshalb nicht eine zweite Kammer eines einheitlichen Gesetzgebungsorgans. BT und BR sind Verfassungsorgane (s. o. Rn. 16).

1. Gesetzesinitiative

Das Recht, Gesetzesvorlagen einzubringen, haben nach Art. 76 GG die **76** BReg, die „Mitte des BT" (s. hierzu § 76 Abs. 1 GOBT) und der BR; Adressat der Vorlagen ist der BT.

Zu beachten ist die sachliche Diskontinuität des Parlamentsbetriebs. **77** Sie bedeutet, dass mit dem Ende der Wahlperiode alle Beschlussvorlagen und damit alle vom BT noch nicht nach Art. 77 Abs. 1 Satz 1 GG endgültig verabschiedeten Gesetzesvorlagen als erledigt gelten (§ 125 Satz 1 GOBT). Gesetzesvorlagen müssen in den neuen BT erneut eingebracht werden. Der Grds. der Diskontinuität gilt nicht für den BR.

2. Gesetzesbeschluss

Die erste Lesung des Entwurfs im Plenum des BT, die Ausschussbera- **78** tungen sowie die zweite und dritte Lesung im Plenum vor der Schlussabstimmung (§§ 78 ff. GOBT) sind keine verfassungsrechtlich erforderlichen Bestandteile des Gesetzgebungsverfahrens. Diese Akte sind dem Gesetzesbeschluss (Art. 77 Abs. 1 Satz 1 GG) vorgeschaltet. Grds. reicht für einen Gesetzesbeschluss die einfache Abstimmungsmehrheit bzw. relative Mehrheit (Art. 42 Abs. 2 Satz 1 GG); die Zahl der Ja-Stimmen muss die der Nein-Stimmen übersteigen. Ausnahmsweise ist die absolute Mehrheit, d. h. die Mehrheit der gesetzlichen Zahl der MdB (Art. 121 GG) erforderlich (z. B. Zurückweisung eines Einspruchs des BR durch den BT [Art. 77 Abs. 4 GG]. Verfassungsänderungen kann der BT nur mit qualifizierter Mehrheit, d. h. Zwei-Drittel-Mehrheit der MdB, beschließen (Art. 79 Abs. 2 GG).

Mit dem Gesetzesbeschluss stellt der BT den Inhalt des Gesetzes fest (sog. Verabschiedung). Nach dem Grds. der relativen Unverrückbarkeit kann der BT den Gesetzesbeschluss nicht mehr ändern (Ausnahme: erneute Beschlussfassung nach Art. 77 Abs. 2 Satz 5 GG). Der Pr. des BT leitet das verabschiedete Gesetz unverzüglich dem BR zu (Art. 77 Abs. 1 Satz 2 GG).

3. Mitwirkung des Bundesrates

79 **a) Zustimmungsgesetze.** Das GG sieht die Zustimmung des BR vor, wenn ein Gesetz die föderale Ordnung und den Interessenbereich der Länder besonders stark berührt. Es regelt die Fälle der Zustimmungsbedürftigkeit abschließend (Enumerationsprinzip).

Bsp.: Änderung des GG (Art. 79 Abs. 2 GG); Behördeneinrichtung bei Bundesauftragsverwaltung (Art. 85 Abs. 1 Satz 1 GG); Statusrechte und -pflichten der Landes- und Kommunalbeamten (Art. 74 Abs. 2, Abs. 1 Nr. 27 GG); Aufbau der Landesfinanzbehörden (Art. 108 Abs. 2 Satz 2 GG).

Ändert der BT ein Zustimmungsgesetz, muss das Änderungsgesetz isoliert auf seine Zustimmungsbedürftigkeit hin geprüft werden. Zum Teil zustimmungsbedürftige Gesetze bedürfen insgesamt der Zustimmung (sog. Einheitsthese). Nicht zustimmungsbedürftig ist die Aufhebung eines zustimmungsbedürftigen Gesetzes. Die Versagung der Zustimmung nach erfolglosem Vermittlungsverfahren wirkt als echtes Veto. Das Gesetz kommt nicht zustande.

80 **b) Einspruchsgesetze.** Alle übrigen Gesetze sind Einspruchsgesetze. Der BR kann nach erfolglosem Vermittlungsverfahren Einspruch erheben, der BT diesen allerdings zurückweisen (Art. 77 Abs. 3, 4 GG). Der

Einspruch wirkt als aufschiebendes (suspensives) Veto. Je nach der Mehrheit, mit der der BR den Einspruch beschlossen hat, ist für seine Zurückweisung eine unterschiedliche Mehrheit im BT erforderlich (Art. 77 Abs. 4 GG). Überstimmt der BT den Einspruch, kommt das Gesetz zustande (Art. 78 GG). Die Abstimmung im BT ist kein neuer Gesetzesbeschluss, sondern eine Entscheidung über den Einspruch des BR.

4. Mitwirkung des Bundespräsidenten

Der BPr fertigt die Gesetze nach Gegenzeichnung durch den BK oder den zuständigen BM aus, Art. 82 Abs. 1 Satz 1, 58 Satz 1 GG. Ausfertigung bedeutet, dass der BPr die Urschrift des Gesetzes herstellt, indem er die Gesetzesurkunde mit seinem vollen Namen unterzeichnet. **81**

Ein formelles Prüfungsrecht, d. h. die Prüfung der Einhaltung der Kompetenzvorschriften und des Gesetzgebungsverfahrens, steht dem BPr zu. Der BPr hat nach h. M. überdies ein materielles Prüfungsrecht. Er kann in Ausübung dieses Rechts bei schweren und offensichtlichen Verfassungsverstößen die Ausfertigung verweigern. Würde man dem BPr eine materielle Prüfung versagen, brächte man ihn in Konflikt mit seinem Amtseid (Art. 56 GG: „Ich schwöre, dass ich [...] das Grundgesetz wahren und verteidigen [...] werde"). Der BPr kann die Zweckmäßigkeit des Gesetzes allerdings nicht überprüfen. Bei Verweigerung der Ausfertigung ist ein Organstreitverfahren statthaft (Art. 93 Abs. 1 Nr. 1 GG; s. u. Rn. 98 ff.).

5. Verkündung

Die Verkündung (Art. 82 Abs. 1 GG) ist die Bekanntgabe des vollständigen Gesetzestextes durch Veröffentlichung im BGBl. Damit ist das Gesetzgebungsverfahren abgeschlossen. Das BGBl. Teil I enthält Gesetze und VOen des Bundes, Entscheidungen des BVerfG sowie Anordnungen und Bekanntmachungen, deren Veröffentlichung im BGBl. durch Rechtsvorschrift vorgesehen ist. Das BGBl. Teil II umfasst die völkerrechtlichen Verträge, die zu ihrer Inkraftsetzung erlassenen Rechtsvorschriften sowie damit zusammenhängende Bekanntmachungen. **82**

B. Materielle Verfassungsmäßigkeit

I. Einfaches Bundesgesetz

83 Prüfungsmaßstab für die materielle Verfassungsmäßigkeit eines einfachen Bundesgesetzes ist allein das VerfR (Grundrechte, grundrechtsgleiche Rechte, Strukturprinzipien der Verfassung, sonstiges VerfR).

II. Verfassungsänderndes Gesetz

84 Das GG behandelt die Verfassungsänderung als eine besondere Form der Gesetzgebung. Art. 79 Abs. 1 Satz 1 GG setzt bei einem verfassungsändernden Gesetz voraus, dass der Wortlaut des GG ausdrücklich geändert wird (Gebot der Textänderung). Dies kann durch Streichen und/oder Hinzufügen von Worten geschehen.

Inhaltliche Schranken für Verfassungsänderungen enthält Art. 79 Abs. 3 GG (sog. Ewigkeitsgarantie). Danach sind Änderungen verboten, durch die die Gliederung des Bundes in Länder, die grds. Mitwirkung der Länder bei der Gesetzgebung oder die in Art. 1 und 20 GG niedergelegten Grds. berührt werden. Unter „Berühren" versteht man die prinzipielle Preisgabe. Änderungsfest ist – logischerweise – auch Art. 79 Abs. 3 GG selbst.

C. Anhang: Ablauf des Gesetzgebungsverfahrens

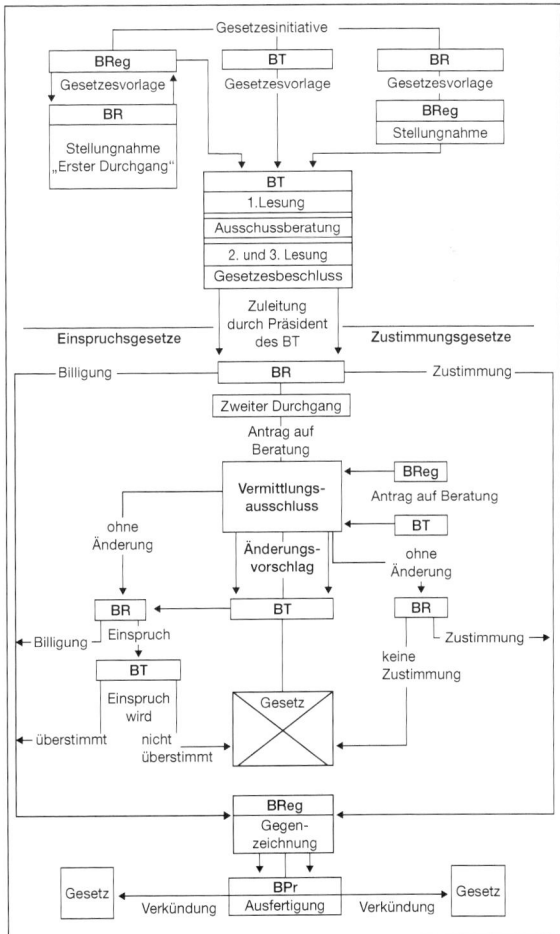

§ 5 Verfahren vor dem Bundesverfassungsgericht

86 Gem. Art. 92 Halbs. 2 GG wird die rechtsprechende Gewalt durch das BVerfG, durch im GG vorgesehenen Bundesgerichte und die Gerichte der Länder ausgeübt. Das BVerfG ist ein allen übrigen Verfassungsorganen (s. o. Rn. 16) gegenüber selbstständiger und unabhängiger Gerichtshof des Bundes (Art. 93 Abs. 1 GG). Es ist der verfassungsrechtlich bestimmte Letztinterpret des GG. Das BVerfG bezeichnet sich als „Hüter der Verfassung". Es gliedert sich in zwei Senate (Art. 93 Abs. 1 Satz 1 Halbs. 2 GG). Das BVerfG gibt sich eine Geschäftsordnung, die das Plenum beschließt (Art. 93 Abs. 4 GG). Die Entscheidungen des BVerfG binden gem. Art. 94 Abs. 4 Satz 1 GG die Verfassungsorgane des Bundes und der Länder sowie alle Gerichte und Behörden.

A. Verfassungsbeschwerde

87 Die VB gehört nicht zum Rechtsweg und ist kein Rechtsmittel im Sinne der Prozessgesetze, sondern ein außerordentlicher Rechtsbehelf. Sie dient nicht nur der Durchsetzung subjektiver Rechtspositionen, sondern auch der Einhaltung objektiven VerfR.

I. Zulässigkeit

1. Zuständigkeit

88 Die Zuständigkeit des BVerfG folgt aus Art. 94 Abs. 1 Nr. 4a GG, § 13 Nr. 8a BVerfGG.

2. Beschwerdefähigkeit

89 Bf. kann nach Art. 94 Abs. Nr. 4a GG, § 90 Abs. 1 BVerfGG „jedermann" sein, d. h. jeder Grundrechtsträger (s. o. Rn. 33 f.).

3. Beschwerdegegenstand

90 Jeder Akt der (deutschen) öffentlichen Gewalt kann Gegenstand einer VB sein (Art. 94 Abs. 1 Nr. 4a GG). Zur öffentlichen Gewalt gehören alle Organe der Gesetzgebung, vollziehenden Gewalt und Rspr. (zu den Grundrechtsverpflichteten s. o. Rn. 37). Mit der VB sind Rechtsnormen (Gesetze, VOen, Satzungen), hoheitliche, nach außen wirkende Maßnahmen der vollziehenden Gewalt und gerichtliche Entscheidungen angreifbar. Bei mehreren Akten der öffentlichen Gewalt in der gleichen Sache hat der Bf. die Wahl, ob er nur die letztinstanzliche Gerichtsentscheidung oder zusätzlich die Entscheidungen der Vorinstanzen bzw. den zugrunde liegenden Akt der vollziehenden Gewalt angreifen will.

4. Beschwerdebefugnis

Die Beschwerdebefugnis setzt nach Art. 94 Abs. 1 Nr. 4a GG, § 90 Abs. 1 **91** BVerfGG die Behauptung des Bf. voraus, durch einen Akt der öffentlichen Gewalt in seinen Grundrechten oder grundrechtsgleichen Rechten (s. o. Rn. 30) verletzt zu sein. Die (bloße) Möglichkeit einer Verletzung reicht daher aus. Diese Möglichkeit fehlt bei einem Verhalten der öffentlichen Gewalt ohne Regelungscharakter oder ohne Außenwirkung.

Bsp. für Akte der öffentlichen Gewalt ohne Regelungscharakter bzw. ohne Außenwirkung: Meinungsäußerungen; Neubekanntmachung eines Gesetzes; Mitteilung über die Rechtslage; Haushaltsgesetz.

Überdies muss der Bf. selbst, unmittelbar und gegenwärtig betroffen **92** sein:
Der Bf. muss in eigenen Grundrechten betroffen sein (Selbstbetroffenheit). Dies ist der Fall, wenn der Bf. Adressat der Maßnahme ist. Soweit ein Akt der öffentlichen Gewalt sich an Dritte richtet, muss der Bf. selbst rechtlich und nicht nur mittelbar faktisch berührt sein.
Der Hoheitsakt muss den Rechtskreis des Bf. berühren (unmittelbare Betroffenheit). Bei Rechtsnormen bedarf es daher i. d. R. eines Vollzugsakts. Bei Straf- und Bußgeldvorschriften ist die VB (ausnahmsweise) unmittelbar zulässig, denn es wäre unzumutbar, erst die gesetzlich angedrohte Sanktion abzuwarten.
Die (behauptete) Grundrechtsverletzung muss im Zeitpunkt der Entscheidung des BVerfG schon und noch vorliegen (gegenwärtige Betroffenheit).

5. Rechtswegerschöpfung

Ist gegen die behauptete Grundrechtsverletzung der Rechtsweg zulässig, kann die VB grds. erst nach Erschöpfung des Rechtswegs erhoben **93** werden (§ 90 Abs. 2 Satz 1 BVerfGG; Ausnahmen: § 90 Abs. 2 Satz 2 BVerfGG). Der Rechtsweg ist erschöpft, wenn alle statthaften Rechtsbehelfe form- und fristgerecht eingelegt sind und damit der Instanzenzug abgeschlossen ist. Die Rechtswegerschöpfung steht unter dem Gebot der Zumutbarkeit und wird nicht bei wegen einer gefestigten höchstrichterlichen Rspr. aussichtslosen Rechtsbehelfen verlangt.

Rechtsweg ist jede gesetzlich vorgesehene Möglichkeit der Anrufung eines Gerichts. Nicht zum Rechtsweg zählen: außerordentliche Rechtsbehelfe (z. B. Anträge auf Wiederaufnahme des Verfahrens; Dienstaufsichtsbeschwerden); Amtshaftungsklagen; landesverfassungsgerichtliche Rechtsbehelfe (vgl. § 90 Abs. 3 BVerfGG).

6. Form

94 §§ 92, 23, 23a BVerfGG enthalten Formvorschriften. Die Einreichung per E-Mail genügt nicht dem Schriftformerfordernis des § 23 Abs. 1 Satz 1 BVerfGG.

7. Frist

95 § 93 BVerfGG regelt die Frist zur Erhebung der VB; grds. gilt die Monatsfrist.

II. Begründetheit

96 Die VB ist begründet, wenn der Bf. durch den beanstandeten Akt der öffentlichen Gewalt in seinen Grundrechten oder grundrechtsgleichen Rechten (s. o. Rn. 30) verletzt ist (zur Grundrechtsprüfung s. o. Rn. 39 ff.). Bei einer erfolgreichen VB gegen ein Gesetz erklärt es das BVerfG für nichtig (§ 95 Abs. 3 BVerfGG). Eine gerichtliche Entscheidung hebt das Gericht auf (§ 95 Abs. 2 BVerfGG); bei Zurückverweisung an das Fachgericht ist dieses bei einer erneuten Entscheidung an die Feststellung des Grundrechtsverstoßes gebunden.

III. Annahme zur Entscheidung

97 Zur Entlastung des BVerfG bedarf die VB der Annahme zur Entscheidung (§ 93a Abs. 1 BVerfGG). Das Annahmeverfahren (§§ 93a Abs. 2, 93b, 93c, 93d BVerfGG) gehört weder zur Zulässigkeit noch zur Begründetheit der VB.

B. Organstreitverfahren

Im Organstreitverfahren entscheidet das BVerfG Streitigkeiten zwischen verschiedenen Verfassungsorganen des Bundes oder innerhalb eines solchen Organs über verfassungsrechtlich begründete Rechte und Pflichten. Dieses Verfahren nennt man auch Bundesorganstreit. Es dient maßgeblich der gegenseitigen Abgrenzung der Kompetenzen von Verfassungsorganen oder ihren Teilen in einem Verfassungsrechtsverhältnis. Das Organstreitverfahren eröffnet nicht die Möglichkeit einer objektiven Beanstandungsklage. **98**

I. Zulässigkeit

1. Zuständigkeit

Die Zuständigkeit des BVerfG ergibt sich aus Art. 94 Abs. 1 Nr. 1 GG, § 13 Nr. 5 BVerfGG. **99**

2. Parteifähigkeit

Antragsteller (und Antragsgegner) können nach Art. 94 Abs. 1 Nr. 1 GG, § 63 BVerfGG nur oberste Bundesorgane, mit eigenen Rechten ausgestattete Teile von ihnen und andere Beteiligte sein. **100**

– Bundesorgane: BPr, BT, BR, BReg.
– Mit eigenen Rechten ausgestattete Organteile: Pr. des BT oder des BR, (ständige) BT-Ausschüsse, BT-Fraktionen, BM als Teile der BReg (wegen Art. 65 Satz 3 GG nicht bei regierungsinternen Streitigkeiten), bestimmte Quoren der MdB, sofern sie im GG oder in der GOBT mit eigenen Rechten ausgestattet sind (nicht jedoch Minderheiten des BT als solche).
– Andere Beteiligte i. S. v. Art. 94 Abs. 1 Nr. 1 GG: einzelne MdB, politische Parteien.

3. Antragsbefugnis

Die Antragsbefugnis (§ 64 Abs. 1 BVerfGG) liegt vor, wenn der Antragsteller geltend macht, dass er oder das Organ, dem er angehört, durch eine rechtserhebliche Maßnahme oder Unterlassung des Antragsgegners in verfassungsrechtlichen Rechten oder Pflichten verletzt oder unmittelbar gefährdet ist. Es muss sich um Rechte oder Pflichten aus dem GG handeln. Die Möglichkeit der Verletzung oder Gefährdung reicht aus (nicht aber eine bloße Meinungsverschiedenheit). **101**

4. Frist

102 Im Interesse der Rechtssicherheit und der Effektivität politischer Prozesse gilt eine Sechs-Monats-Frist (§ 64 Abs. 3 BVerfGG). Sie beginnt in dem Zeitpunkt, in dem dem Antragsteller die Maßnahme oder Unterlassung bekannt wird. § 64 Abs. 3 BVerfGG enthält eine gesetzliche Ausschlussfrist.

II. Begründetheit

103 Der Antrag ist begründet, wenn die angegriffene Maßnahme oder das angegriffene Unterlassen gegen die geltend gemachten verfassungsrechtlichen Rechte oder Pflichten verstößt. Prüfungsmaßstab ist nur VerfR, nicht aber eine Geschäftsordnung oder sonstiges Recht im Rang unterhalb der Verfassung. Das BVerfG stellt den Verstoß fest (§ 67 Satz 1 BVerfGG), hebt aber die Maßnahme nicht auf oder erklärt sie für nichtig (keine kassatorische oder rechtsgestaltende Wirkung). Es obliegt dem zuständigen Staatsorgan, den festgestellten verfassungswidrigen Zustand zu beenden.

C. Bund-Länder-Streit

104 Im Bund-Länder-Streitverfahren entscheidet das BVerfG bei Meinungsverschiedenheiten über grundgesetzliche Rechte und Pflichten des Bundes und der Länder. Es muss sich um einen Streit zwischen Bund und Ländern, nicht zwischen Ländern untereinander handeln.

I. Zulässigkeit

1. Zuständigkeit

105 Die Zuständigkeit des BVerfG folgt aus Art. 94 Abs. 1 Nr. 3 GG, § 13 Nr. 7 BVerfGG.

2. Parteifähigkeit

106 Antragsteller (und Antragsgegner) können nur die BReg für den Bund und eine LReg für ein Land sein (§ 68 BVerfGG).

3. Antragsgegenstand und Antragsbefugnis

Antragsgegenstand kann nur eine Maßnahme oder ein Unterlassen auf- **107**
grund des zwischen den Parteien bestehenden verfassungsrechtlichen
Verhältnisses sein.
Die Antragsbefugnis erfordert die Geltendmachung einer Rechtsverlet-
zung bzw. unmittelbaren -gefährdung (§§ 69, 64 Abs. 1 BVerfGG, s.o.
Rn. 101).

4. Frist

Es gilt eine sechsmonatige Antragsfrist (§§ 69, 64 Abs. 3 BVerfGG, s.o. **108**
Rn. 102).

II. Begründetheit

Der Antrag ist begründet, wenn die behauptete Rechtsverletzung bzw. **109**
-gefährdung tatsächlich vorliegt. Prüfungsmaßstab ist das VerfR, in der
Praxis v.a. die Kompetenznormen (s.o. Rn. 15, 70 ff.). Das BVerfG stellt
den Verfassungsverstoß fest (s.o. Rn. 103). Das BVerfG stellt den Verstoß fest (§§ 69, 67 Satz 1 BVerfGG), hebt aber die Maßnahme nicht auf
oder erklärt sie für nichtig.

D. Abstrakte Normenkontrolle

Das Verfahren dient der abstrakten, d.h. von einem konkreten Rechts- **110**
streit unabhängigen Klärung der Frage nach der Vereinbarkeit von
Bundesrecht oder Landesrecht mit dem GG oder von Landesrecht mit
Bundesrecht. Es handelt sich um ein objektives Verfahren (ohne Antragsgegner) zum Schutz der Verfassung. Eine Antragsfrist besteht
nicht.

I. Zulässigkeit

1. Zuständigkeit

Art. 94 Abs. 1 Nr. 2 GG, § 13 Nr. 6 BVerfGG normieren die Zuständig- **111**
keit des BVerfG. Für die sog. Erforderlichkeitsprüfung folgt die Zuständigkeit aus Art. 94 Abs. 1 Nr. 2a GG, § 13 Nr. 6a BVerfGG.

2.   Antragsteller

112   Antragsteller können die BReg, eine LReg oder ein Viertel der MdB sein, Art. 94 Abs. 1 Nr. 2 GG. Bei der sog. Erforderlichkeitsprüfung sind der BR, eine LReg oder die Volksvertretung eines Landes antragsberechtigt (Art. 94 Abs. 1 Nr. 2a GG).

3.   Antragsgegenstand

113   Als Antragsgegenstand kommt verkündetes Bundes- oder Landesrecht jeder Rangstufe in Betracht, § 76 BVerfGG.

4.   Antragsbefugnis

114   Es müssen Meinungsverschiedenheiten oder Zweifel in der Rechtspraxis über die förmliche oder sachliche Gültigkeit von Bundes- oder Landesrecht bestehen (§ 76 BVerfGG). Es genügt das objektive Interesse an der Klarstellung der Gültigkeit. Notwendig sind deshalb weder ein subjektives Rechtsschutzbedürfnis noch ein besonderes Kontrollinteresse. Im Verfahren nach Art. 94 Abs. 1 Nr. 2a GG genügen Zweifel bezüglich der Voraussetzungen des Art. 72 Abs. 2 GG.

II.   Begründetheit

115   Der Antrag ist begründet, wenn die angegriffene Vorschrift des Bundes- oder des Landesrechts förmlich und/oder materiell nicht mit dem GG übereinstimmt (bei Landesrecht: Verstoß auch gegen sonstiges Bundesrecht). Im Verfahren nach Art. 94 Abs. 1 Nr. 2a GG ist nur Art. 72 Abs. 2 GG Prüfungsmaßstab.
Ist das BVerfG von der Unvereinbarkeit der angegriffenen Norm mit höherrangigem Recht überzeugt, erklärt es die Norm für nichtig, § 78 BVerfGG.

E.   Konkrete Normenkontrolle

116   Die konkrete Normenkontrolle, auch Richtervorlage genannt, wahrt die Autorität des parlamentarischen Gesetzgebers. Nur das BVerfG als Gericht mit Verfassungsorganqualität ist zur Kontrolle des Gesetzgebers berechtigt. Überdies soll das Verfahren divergierende Gerichtsentscheidungen und damit Rechtszersplitterung vermeiden.

I. Zulässigkeit der Vorlage

1. Zuständigkeit

Die Zuständigkeit des BVerfG folgt aus Art. 100 Abs. 1 GG, § 13 Nr. 11 **117**
BVerfGG.

2. Vorlagekompetenz

Vorlageberechtigt sind nur Gerichte, Art. 100 Abs. 1 GG, § 80 BVerfGG. **118**

3. Prüfungsgegenstand

Prüfungsgegenstand können nur entscheidungserhebliche formelle **119**
Bundes- oder Landesgesetze sein, Art. 100 Abs. 1 GG, § 80 BVerfGG.
Vorlagefähig sind allein nachkonstitutionelle Gesetze, d. h. solche, die
nach dem 7.9.1949 (Zusammentritt des ersten BT) verkündet wurden.
Für untergesetzliches Bundes- oder Landesrecht (VOen, Satzungen) haben die Gerichte hingegen ein Verwerfungsrecht, dürfen also über die
Gültigkeit bzw. Ungültigkeit entscheiden.

Gerichte können aber auch – ausnahmsweise – solche vorkonstitutionellen Gesetze (Art. 123 Abs. 1 GG) vorlegen, die in den Willen des nachkonstitutionellen
Gesetzgebers aufgenommen sind. Eine Aufnahme in den Willen lässt sich annehmen, wenn sich ein Bestätigungswille aus dem Inhalt des Gesetzes selbst
oder – bei Gesetzesänderungen – aus dem engen sachlichen Zusammenhang
zwischen unveränderten und geänderten Normen objektiv ergibt.

Die Norm ist entscheidungserheblich, wenn bei ihrer Ungültigkeit –
nach Überzeugung des vorlegenden Gerichts – eine andere Entscheidung als bei Gültigkeit ergehen müsste.

II. Entscheidung

Prüfungsmaßstab ist bei Bundesgesetzen das GG, bei Landesgesetzen **120**
auch sonstiges Bundesrecht (formelle Gesetze, VOen). Keinesfalls wird
der konkrete Fall entschieden, der der Vorlage zugrunde liegt (vgl. § 81
BVerfGG). Ist das BVerfG von der Verfassungs- oder der Bundesrechts-

widrigkeit der Norm überzeugt, erklärt es sie für nichtig (§§ 82 Abs. 1, 78 BVerfGG).

F.   Einstweilige Anordnung

121   Nach § 32 Abs. 1 BVerfGG kann das BVerfG im Streitfall einen Zustand durch einstweilige Anordnung vorläufig regeln, wenn dies zur Abwehr schwerer Nachteile, zur Verhinderung drohender Gewalt oder aus einem anderen wichtigen Grund zum gemeinen Wohl dringend geboten ist. Die einstweilige Anordnung kann in allen Verfahrensarten sowohl auf Antrag als auch von Amts wegen ergehen. Der Antrag ist schon vor Stellung des Antrages im Hauptsacheverfahren möglich.

In jedem Fall darf die einstweilige Anordnung nicht ergehen, wenn der Hauptsacheantrag von vornherein unzulässig oder offensichtlich unbegründet ist.

Bei offenem Ausgang des Hauptsacheverfahrens sind die Folgen, die einträten, wenn die einstweilige Anordnung nicht erginge, der Hauptsacheantrag aber später Erfolg hätte, gegen die Nachteile abzuwägen, wenn die einstweilige Anordnung erlassen würde, dem Hauptsacheantrag jedoch der Erfolg versagt bliebe (Doppelhypothese).

Wegen der meist weittragenden Folgen, die eine einstweilige Anordnung in einem verfassungsgerichtlichen Verfahren auslöst, legt das BVerfG bei der Prüfung der Voraussetzungen des § 32 Abs. 1 BVerfGG einen strengen Maßstab an.

Die Entscheidung darf die Hauptsacheentscheidung grds. nicht vorwegnehmen, es sei denn, dass eine Entscheidung in der Hauptsache zu spät käme.

§ 6   Verwaltungshandeln

Die öffentliche Vw. handelt intern durch Überlegungen, Planungen, **122**
Maßnahmen, Einzelweisungen und VwVen sowie nach außen durch
Rechtsakte (VAe, öffentlich-rechtliche Verträge, Rechtsnormen [VOen,
Satzungen]), rechtserhebliche Erklärungen, unverbindliche Äußerun-
gen und rein tatsächliche Verrichtungen (Realakte [s. u. Rn. 127]).

A.   Verwaltungsakt

I.   Begriffsmerkmale

Nach § 35 Satz 1 VwVfG ist VA „jede ... hoheitliche Maßnahme, die **123**
eine Behörde zur Regelung eines Einzelfalles auf dem Gebiet des öffentlichen Rechts trifft und die auf unmittelbare Rechtswirkung nach außen gerichtet ist".
In der Praxis wird der VA häufig als Bescheid bezeichnet.
Ein VA kann vollständig durch automatische Einrichtungen erlassen
werden, sofern dies durch Rechtsvorschrift zugelassen ist und weder
ein Ermessen (s. u. Rn. 181 ff.) noch ein Beurteilungsspielraum (s. u.
Rn. 189) besteht (§ 35a VwVfG).
Ein VA muss die nachfolgenden sechs Kriterien erfüllen; fehlt nur ein
Kriterium, liegt kein VA vor.

1.   Hoheitliche Maßnahme

Eine hoheitliche Maßnahme ist jede einseitige behördliche Handlung **124**
mit Erklärungswert. Einseitig ist auch eine mitwirkungsbedürftige
Maßnahme, bei der der Adressat zuvor beteiligt war (z. B. Baugenehmigung). Von der Maßnahme unterscheidet sich das durch gegenseitiges
Einvernehmen gekennzeichnete vertragliche Handeln.

2.   Behörde

Behörde ist jede Stelle, die Aufgaben der öffentlichen Vw. wahrnimmt, **125**
§ 1 Abs. 4 VwVfG (funktionelle Betrachtung). Keine VA-Qualität haben
Maßnahmen von Privatpersonen, soweit diese nicht ausnahmsweise als
Beliehene (s. u. Rn. 165) mit Vw.-Aufgaben betraut sind.

3. Gebiet des öffentlichen Rechts

126 Die Maßnahme muss auf dem Gebiet des öffentlichen Rechts ergangen sein; zur Abgrenzung des öffentlichen Rechts vom Privatrecht s. u. Rn. 165 f.

4. Regelung

127 Eine Regelung ist die Setzung einer verbindlichen Rechtsfolge (unmittelbare Begründung, Änderung, Aufhebung, Feststellung von Rechten und/oder Pflichten).

Keine Regelungen sind:
- Realakte als rein tatsächliche Verrichtungen (z. B. Auszahlung eines Geldbetrags, Beseitigung eines Verkehrshindernisses) oder unverbindliche Äußerungen (Informationen, Hinweise, Auskünfte).
- Vorbereitungs- und Teilakte ohne abschließende Regelung; Bsp.: Ladung zu einer mündlichen Prüfung.
- Rechtserhebliche Willenserklärungen; Bsp.: Erklärung der Aufrechnung.

5. Einzelfall

128 Als „Einzelfallregelung" trifft der VA eine konkrete und individuelle Entscheidung. VAe sind auch abstrakt-individuelle und konkret-generelle Regelungen. Demgegenüber enthält eine Rechtsnorm eine Regelung für eine unbestimmte Zahl von Fällen und Personen; sie ist somit abstrakt-generell.

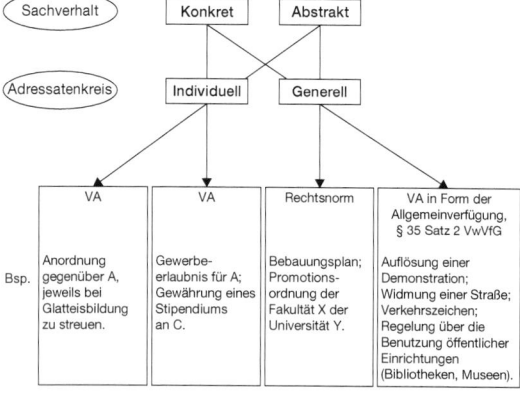

6. Außenwirkung

Die Regelung muss nach ihrem objektiven Sinngehalt dazu bestimmt sein, Außenwirkung zu entfalten („gerichtet"). Unerheblich ist, wie sie sich tatsächlich auswirkt. Durch die Außenwirkung unterscheidet sich der VA von behördeninternen Maßnahmen. **129**

– Sonderstatusverhältnisse (s. o. Rn. 35): Die Umsetzung eines Beamten (Zuweisung eines anderen Aufgabenbereichs innerhalb derselben Behörde) betrifft das sog. Betriebsverhältnis (amtlicher Bereich) und ist kein VA; die Versetzung eines Beamten i. S. v. § 28 BBG/§ 15 BeamtStG (auf Dauer angelegte Übertragung eines anderen Amtes bei einer anderen Behörde) berührt das sog. Grundverhältnis (persönlicher Bereich) und ist VA.
– Bei einem sog. mehrstufigen VA ist das Außenhandeln der „federführenden" Behörde VA, die Zustimmung der anderen Behörde nur verwaltungsinterne Erklärung. Bsp.: Erteilung des Einvernehmens der Gemeinde G im Verfahren über die Baugenehmigung, die die das Landratsamt L als Baugenehmigungsbehörde (§ 36 BauGB) erteilt.

II. Fehlerhafter Verwaltungsakt

1. Prüfungsschema

Der VA ist rechtmäßig, wenn er allen Anforderungen entspricht, die die Rechtsordnung an ihn stellt. Er ist rechtswidrig, wenn er auch nur in einer Beziehung mit dem Recht nicht in Einklang steht. **130**

Prüfung eines fehlerhaften Verwaltungsakts

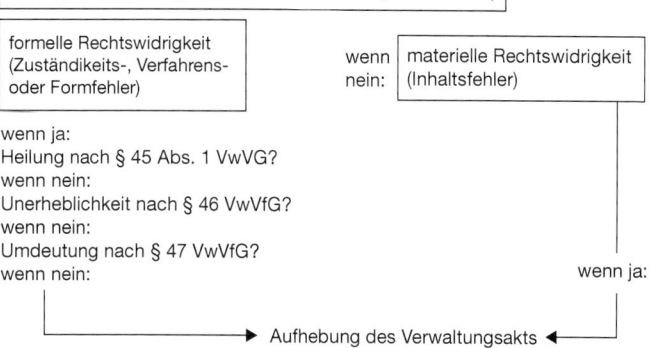

Prüfung des VA auf **Nichtigkeit** (erster Schritt):
§ 44 Abs. 2 VwVfG (Positivkatalog)?
wenn nein:
§ 44 Abs. 3 VwVfG (Negativkatalog)?
wenn nein:
§ 44 Abs. 1 VwVfG (Generalklausel)?
wenn nein:

Prüfung des Verwaltungsakts auf **Vernichtbarkeit** (zweiter Schritt):

formelle Rechtswidrigkeit
(Zuständikeits-, Verfahrens-
oder Formfehler)

wenn
nein:

materielle Rechtswidrigkeit
(Inhaltsfehler)

wenn ja:
Heilung nach § 45 Abs. 1 VwVG?
wenn nein:
Unerheblichkeit nach § 46 VwVfG?
wenn nein:
Umdeutung nach § 47 VwVfG?
wenn nein:

wenn ja:

Aufhebung des Verwaltungsakts

2. Fehler, Fehlerfolgen und Heilbarkeit

131

Fehlertyp	Fehlerfolge	Heilbarkeit
(1) Zuständigkeitsmängel		
– Fehlende Verbandskompetenz (Bund, Land, Gemeinde oder andere juristische Person des öffentlichen Rechts)	Nichtigkeit bei Offensichtlichkeit (§ 44 Abs. 1 VwVfG), sonst Anfechtbarkeit	(–)
– sachliche Unzuständigkeit (Aufgabenbereich der Behörde nicht gewahrt)	Nichtigkeit bei Offensichtlichkeit (§ 44 Abs. 1 VwVfG), sonst Anfechtbarkeit	(–)

Fehlertyp	Fehlerfolge	Heilbarkeit
– instanzielle Unzuständigkeit (übergeordnete Behörde entscheidet anstelle der zuständigen nachgeordneten Behörde oder umgekehrt)	Anfechtbarkeit	(–)
– örtliche Unzuständigkeit bei VAen über unbewegliches Vermögen oder ortsgebundene Rechte (absolute örtliche Unzuständigkeit)	Nichtigkeit (§ 44 Abs. 2 Nr. 3 VwVfG)	(–)
– einfache örtliche Unzuständigkeit	Anfechtbarkeit (vgl. § 44 Abs. 3 Nr. 1 VwVfG)	(–), aber ggf. § 46 VwVfG

(2) Verfahrensmängel			**132**
– Fehlende Anhörung (vgl. § 28 VwVfG)	Anfechtbarkeit	(+), § 45 Abs. 1 Nr. 3 VwVfG	
– fehlende Bekanntgabe des VA (ggf. unwirksame Zustellung nach dem VwZG)	VA wird nicht wirksam	beachte: § 8 Abs. 1 VwZG	
– Antrag des Betroffenen fehlt	Anfechtbarkeit	(+), § 45 Abs. 1 Nr. 1 VwVfG	
– fehlende Mitwirkung einer anderen Behörde, § 44 Abs. 3 Nr. 4 VwVfG	Anfechtbarkeit	(+), § 45 Abs. 5 Nr. 5 VwVfG	
– fehlende Mitwirkung eines Ausschusses, § 44 Abs. 3 Nr. 3 VwVfG	Anfechtbarkeit	(+), § 45 Abs. 1 Nr. 4 VwVfG	
– Mitwirkung einer nach § 20 Abs. 1 Satz 1 1 Nr. 2–6 VwVfG ausgeschlossenen Person	Anfechtbarkeit	(+)	
– offensichtliche Parteilichkeit einer mitwirkenden Person	Nichtigkeit, § 44 Abs. 1 VwVfG	(–)	
– Handeln als Beteiligter, § 20 Abs. 1 Satz 1 Nr. 1 VwVfG	Nichtigkeit, § 44 Abs. 1 VwVfG	(–)	

(3) Formfehler			**133**
– Nichterkennbarkeit der Behörde bei schriftlichem oder elektronischem VA	Nichtigkeit, § 44 Abs. 2 Nr. 1 VwVfG	(–)	

Fehlertyp	Fehlerfolge	Heilbarkeit
– fehlende Aushändigung einer Ur-kunde	Nichtigkeit, § 44 Abs. 2 Nr. 2 VwVfG	(–)
– fehlende Begründung (vgl. § 39 Abs. 1 VwVfG)	Anfechtbarkeit	(+), § 45 Abs. 1 Nr. 2 VwVfG
– sonstige (spezialgesetzliche) Formfehler	Anfechtbarkeit	(–), aber ggf. § 46 VwVfG
– fehlende Rechtsbehelfsbeleh-rung	Jahresfrist statt Monats-frist, § 58 Abs. 2 VwGO	(–)
– fehlerhafte Rechtsbehelfsbeleh-rung	Jahresfrist statt Monats-frist, § 58 Abs. 2 VwGO	(–)

134

(4) Materielle Fehler		
– Fehlende gesetzliche Grundlage (sog. gesetzloser VA)	Anfechtbarkeit	(–)
– falsche Anwendung eines unbestimmten Rechtsbegriffs (s. u. Rn. 188 f.)	Anfechtbarkeit	(–)
– Unbestimmtheit des VA (vgl. § 37 VwVfG)	Anfechtbarkeit	(–)
– objektive tatsächliche Unausführ-barkeit	Nichtigkeit, § 44 Abs. 2 Nr. 4 VwVfG	(–)
– subjektive tatsächliche Unaus-führbarkeit	u. U. Anfechtbarkeit	(–)
– gesetzlich bestimmte rechtliche Unausführbarkeit (Straftat oder Ordnungswidrigkeit)	Nichtigkeit, § 44 Abs. 2 Nr. 5 VwVfG	(–)
– sonstige Fälle der rechtlichen Un-ausführbarkeit	Anfechtbarkeit (Nichtigkeit bei Offensichtlichkeit, § 44 Abs. 1 VwVfG)	(–)
– Verstoß gegen die guten Sitten	Nichtigkeit, § 44 Abs. 2 Nr. 6 VwVfG	(–)
– Ermessensfehler (s. u. Rn. 183 ff.)	Anfechtbarkeit	(–)
– Verstoß gegen das Verhältnismä-ßigkeitsprinzip i. w. S. (s. o. Rn. 52)	Anfechtbarkeit	(–)
– falscher Adressat	Anfechtbarkeit	(–)

B.   Öffentlich-rechtlicher Vertrag

§§ 54–62 VwVfG enthalten Vorschriften über den öffentlich-rechtlichen **135**
Vertrag. Wurde ein öffentlich-rechtlicher Vertrag abgeschlossen, ist die
Behörde nicht befugt, ihre vertraglichen Ansprüche durch VA festzuset-
zen und zwangsweise durchzusetzen.

I.   Arten

Beim koordinationsrechtlichen Vertrag sind die Vertragspartner gleich- **136**
geordnet. Vertragspartner sind daher Stellen öffentlicher Vw.

Bsp.: Vertrag zwischen den beiden Gemeinden A und B über die Unterhaltung
eines an der Gemeindegrenze verlaufenden Flusses oder über Gebietsände-
rungen.

Subordinationsrechtlich sind Verträge zwischen sonst über- bzw. unter-
geordneten Rechtssubjekten, insbesondere zwischen Vw. und Bürger.

Bsp.: Erschließungsvertrag im Baurecht (§ 11 Abs. 1 Satz 2 Nr. 1 BauGB); Vertrag
über die Bewilligung und Auszahlung einer Subvention.

Verpflichten sich ein oder beide Vertragspartner zu bestimmten Leistungen und hat dementsprechend der andere Partner einen Anspruch
auf Erfüllung der von der anderen Partei übernommenen Leistungs-
pflicht, so liegt ein Verpflichtungsvertrag vor. Ein Verfügungsvertrag
führt eine unmittelbare Rechtsänderung herbei. Zum Vergleichsvertrag
und zum Austauschvertrag s. u. Rn. 140.

II.   Rechtmäßigkeit

1.   Vertrag

Ein Vertrag ist die durch übereinstimmende Willenserklärungen herbei- **137**
geführte Einigung mindestens zweier Rechtssubjekte. Indiz für einen
Vertrag ist, dass der Bürger – im Gegensatz zum VA – auf die inhaltliche
Gestaltung der Regelung Einfluss nehmen konnte. Der Bindungswille
fehlt bei unverbindlichen Verabredungen oder Meinungsäußerungen.

2. Gebiet des öffentlichen Rechts

138 Für die Abgrenzung zum privatrechtlichen Vertrag ist entscheidend, ob sich der Vertrag auf einen Sachverhalt bezieht, der sich nach öffentlich-rechtlichen Vorschriften beurteilt („Gebiet des öffentlichen Rechts", § 54 Satz 1 VwVfG; zur Abgrenzung des öffentlichen Rechts vom Privatrecht s. u. Rn. 165 f.). Nach allg. M. muss es sich um einen Vertrag auf dem Gebiet des VwR handeln; andere Gebiete des öffentlichen Rechts (z. B. VerfR) scheiden aus. Bei Fehlen einer gesetzlichen Regelung liegt ein öffentlich-rechtlicher Vertrag vor, wenn er nach seinem Zweck eine enge, unlösbare Beziehung zu öffentlichen Aufgaben hat.

3. Zulässigkeit der Vertragsform

Gemäß § 54 Satz 1 VwVfG ist die Behörde zum Handeln durch Vertrag befugt, „soweit Rechtsvorschriften nicht entgegenstehen". Für manche Rechtsgebiete oder bestimmte Teile dieser Rechtsgebiete besteht aufgrund gesetzlicher Regelung oder allgemeiner Rechtsgrds. ein generelles Vertragsformverbot.

Bsp. für Regelungen, die durch VA getroffen werden müssen: Beamtenernennung (§ 10 Abs. 2 BBG/§ 8 Abs. 2 BeamtStG); Festsetzung von Steuern und Abgaben; Bewertung von Prüfungsleistungen.

4. Formelle Anforderungen

139 Soweit nicht durch Rechtsvorschrift eine andere Form vorgeschrieben ist, bedarf ein öffentlich-rechtlicher Vertrag nach § 57 VwVfG der Schriftform. Dies bedeutet, dass der Vertragstext in eine Urkunde aufgenommen und diese von allen Vertragspartnern unterschrieben werden muss. Ausnahmsweise sind weitergehende Formen erforderlich, insbesondere die notarielle Beurkundung für einen Vertrag, der die Übertragung des Eigentums an einem Grundstück zum Gegenstand hat (§ 311b Abs. 1 Satz 1 BGB). Gemäß § 58 Abs. 1 VwVfG ist bei einem öffentlich-rechtlichen Vertrag, der in die Rechte eines Dritten eingreift, dessen Zustimmung erforderlich. Entsprechendes gilt, wenn ein öffentlich-rechtlicher Vertrag einen VA ersetzen soll, bei dessen Erlass die Zustimmung oder das Einvernehmen einer anderen Behörde erforderlich wäre (§ 58 Abs. 2 VwVfG).

5. Inhaltliche Anforderungen

140 Ein öffentlich-rechtlicher Vertrag muss mit dem geltenden Recht in Einklang stehen. Soweit die Vw. gesetzlich gebunden ist, kann sie bei

Nichtbestehen eines Vertragsformverbots einen Vertrag abschließen; sie darf dann aber nur das vereinbaren, was gesetzlich bereits festgelegt ist. Kann die Behörde nach ihrem Ermessen (s. u. Rn. 162 ff.) handeln, muss sie die Ermessensbindungen beachten.

Vergleichs- und Austauschverträge haben besondere inhaltliche Anforderungen. Der Vergleichsvertrag (§ 55 VwVfG) setzt voraus, dass eine Ungewissheit über tatsächliche oder rechtliche Umstände besteht, die Ungewissheit nicht oder nur unter erheblichen Schwierigkeiten beseitigt werden kann und beide Vertragspartner nachgeben, also gewisse Zugeständnisse machen.

Bsp.: Es lässt sich nicht mehr feststellen, ob A die ihm zustehende Zahlung von 500,– € erhalten hat oder nicht. Behörde und A vergleichen sich dahin, dass A 250,– € bekommen soll.

Bei einem Austauschvertrag (§ 56 VwVfG) muss die Gegenleistung für einen bestimmten Zweck vereinbart sein, der Erfüllung öffentlicher Aufgaben dienen, angemessen sein und in sachlichem Zusammenhang mit der vertraglichen Leistung stehen. Die Vw. darf mithin eigene Leistungen nicht von Gegenleistungen der Bürger abhängig machen, die in keinem sachlichen Zusammenhang mit dem Vw.-Handeln stehen (sog. Koppelungsverbot). Unzulässig ist der „Verkauf von Hoheitsakten".

Bsp.: Vertrag zwischen A und der Behörde über die Zahlung eines Geldbetrages gegen die Befreiung von der bauordnungsrechtlichen Pflicht, auf dem Grundstück seines zu errichtenden Geschäftshauses Pkw-Einstellplätze zu schaffen; der Geldbetrag soll zum Ausbau eines nahegelegenen Parkhauses dienen (unzulässig wäre die Zahlung für einen gemeinnützigen Zweck wie die Unterhaltung eines Kinderspielplatzes).

III. Folgen der Rechtswidrigkeit

Ein rechtswidriger öffentlich-rechtlicher Vertrag ist nur bei Vorliegen **141** der Nichtigkeitsgründe des § 59 VwVfG nichtig; ansonsten ist er rechtswirksam und verbindlich. Eine verwaltungsgerichtliche Anfechtung durch den Betroffenen oder eine Rücknahme durch die Behörde scheiden deshalb aus. Während § 59 Abs. 1 VwVfG auf alle Verwaltungsverträge anwendbar ist, gelten zusätzlich die Nichtigkeitsgründe des § 59 Abs. 2 VwVfG nur für subordinationsrechtliche Verträge i. S. v. § 54

Satz 2 VwVfG. Der nichtige öffentlich-rechtlicher Vertrag hat keine Rechtswirkungen. Bereits erbrachte Leistungen sind grds. zurückzuerstatten.

§ 59 Abs. 1 VwVfG erklärt die Vorschriften des BGB für entsprechend anwendbar. Bsp.: Geschäftsunfähigkeit eines Vertragspartners (§ 105 BGB); Nichteinhaltung der Schriftform (§§ 125 f. BGB); Vertragsschluss durch Vertreter ohne Vertretungsmacht (§ 177 ff. BGB); Anfechtung wegen Irrtums oder arglistiger Täuschung (§§ 119 ff., 142 Abs. 1 BGB); gesetzliches Verbot (§ 134 BGB) bei qualifizierter Rechtswidrigkeit.
Nach § 59 Abs. 2 VwVfG ist ein subordinationsrechtlicher Vertrag nichtig, wenn
– ein VA mit entsprechenden Inhalt gem. § 44 VwVfG nichtig wäre,
– ein VA mit entsprechendem Inhalt rechtswidrig wäre, die Rechtswidrigkeit nicht auf einem Verfahrensfehler i. S. d. § 46 VwVfG beruht und beide Vertragspartner die Rechtswidrigkeit kannten,
– bei einem Vergleichsvertrag dessen spezifische Voraussetzungen nicht vorlagen oder
– bei einem Austauschvertrag dessen besondere Erfordernisse nicht erfüllt waren.

C.   Rechtsetzung

142 Die Vw. regelt nicht nur Einzelfälle durch VAe, öffentlich-rechtliche Verträge oder innerdienstliche Weisungen, sondern auch durch VOen, Satzungen oder VwVen abstrakt-generell (s. o. Rn. 128).

I.   Rechtsverordnung

1.   Begriff

143 VOen sind von einem Exekutivorgan (Reg., Ministerium, Behörde) erlassene Rechtsnormen. Von den formellen Gesetzen (zu ihnen s. o. Rn. 69 ff.) unterscheiden sich VOen primär durch den Normgeber. Im Rahmen einer VO regelt die Exekutive aufgrund einer Ermächtigung des Gesetzgebers Detailfragen. Die Ermächtigung wirkt nur zuweisend, nicht auch abschiebend. Das Instrument der VO soll das Parlament entlasten und zudem eine rasche Anpassung an veränderte Verhältnisse ermöglichen.

2. Rechtmäßigkeit

a) Ermächtigungsgrundlage. Die VO bedarf bundesrechtlich gem. **144**
Art. 80 Abs. 1 GG als Ausprägung des Rechtsstaats- und des Demokratieprinzips (s. o. Rn. 1 ff., 16 ff.) einer formell-gesetzlichen Ermächtigungsgrundlage. Das formelle Gesetz muss die Ermächtigung zum Erlass einer VO nach „Inhalt, Zweck und Ausmaß" hinreichend bestimmen und begrenzen (Prinzip der Spezialermächtigung, Art. 80 Abs. 1 Satz 2 GG).

Der Parlamentsgesetzgeber muss selbst den Rahmen und die Tendenz der zukünftigen Regelung festlegen, so dass dem VO-Geber nur noch die Konkretisierung und Weiterentwicklung eines vorgegebenen gesetzgeberischen Programms überlassen bleibt. Je schwerwiegender die Auswirkungen einer VO für die Grundrechtsträger sind, desto bestimmter muss die Ermächtigungsgrundlage sein. Mit der Ermächtigung soll der parlamentarische Gesetzgeber die Gesetzgebungsmacht der Exekutive so genau umreißen, dass schon aus der Ermächtigung erkennbar und vorhersehbar ist, was dem Bürger gegenüber zulässig sein soll.

Für landesrechtliche VO-Ermächtigungen enthalten die meisten Landesverfassungen entsprechende Vorschriften. Soweit solche Regelungen fehlen, gilt das Gebot der Spezialermächtigung als Konkretisierung des Rechtsstaats- und des Demokratieprinzips über Art. 28 Abs. 1 GG (s. o. Rn. 12).

b) Formelle Anforderungen. Das zum Erlass einer VO zuständige Or- **145**
gan wird durch das ermächtigende Gesetz bestimmt. Als Ermächtigungsadressaten kommen die BReg als Kollegium, ein BM oder eine LReg (nicht ein einzelner Landesminister) in Betracht (Art. 80 Abs. 1 Satz 1 GG).

Gem. Art. 80 Abs. 1 Satz 4 GG ist eine Weiterermächtigung (sog. Subdelegation), z. B. durch ein BM an eine Bundesoberbehörde, möglich. Die VO muss als Rechtsgrundlage das ermächtigende Gesetz angeben (Zitiergebot, Art. 80 Abs. 1 Satz 3 GG). Die subdelegierende VO muss das ermächtigende Gesetz und die Ermächtigung zur Subdelegation nennen, die subdelegierte VO ihre unmittelbare Ermächtigungsgrundlage in der subdelegierenden VO angeben.

Ausnahmsweise ist die Zustimmung des BR erforderlich (Art. 80 Abs. 2 GG); Bsp.: StVO.

Die VO wird von der erlassenden Stelle ausgefertigt und verkündet; VOen des Bundes werden grds. im BGBl. (Art. 82 Abs. 1 Satz 3 GG), ausnahmsweise im BAnz. verkündet.

146 **c) Materielle Anforderungen.** Die VO muss sich im Rahmen der Ermächtigungsgrundlage halten und mit dem übrigen höherrangigen Recht (VerfR, formelle Gesetze) vereinbar sein.

3. Folge der Rechtswidrigkeit

147 Eine rechtswidrige VO ist nichtig und unverbindlich.

II. Satzung

1. Begriff

148 Satzungen sind die von einer juristischen Person des öffentlichen Rechts (Körperschaft, Anstalt, Stiftung [s. o. Rn. 15]) zur Regelung ihrer Angelegenheiten erlassenen Rechtsnormen. Während VOen staatliche Angelegenheiten regeln, normieren Satzungen eigene Angelegenheiten juristischer Personen.

Bsp.: Gemeindesatzungen (u. a. Erhebung von Abgaben; Benutzung kommunaler Einrichtungen; Müllabfuhr; Bebauungsplan); Promotionsordnungen im Universitätsbereich.

Für die Abgrenzung zwischen kommunalen Satzungen und VOen ist maßgebend, ob die Rechtsnorm Selbstverwaltungsangelegenheiten (dann Satzung, s. o. Rn. 58) oder Auftragsangelegenheiten (dann VO) regelt.

2. Rechtmäßigkeit

149 **a) Satzungsautonomie.** Die Befugnis zum Erlass von Satzungen beruht auf staatlicher Delegation. Der Gesetzgeber tritt einen Teil staatlicher Befugnisse an einen nichtstaatlichen Verband ab, der sie seinerseits durch demokratisch gewählte Organe wahrnimmt. Wegen der demokratischen Legitimation der Organe, die die Satzungen beschließen, gilt das Prinzip der Spezialermächtigung (Art. 80 Abs. 1 Satz 2 GG) nicht und auch nicht entsprechend.

Sachlich ist die Autonomie auf den gesetzlich bestimmten Aufgaben- und Zuständigkeitsbereich der jeweiligen juristischen Person, personell auf die Mitglieder der Körperschaft oder die Benutzer der Anstalt beschränkt. Wegen des Vorbehalts des Gesetzes (s. o. Rn. 9) muss der formelle Gesetzgeber die wesentlichen, insbesondere die grundrechtsbeschränkenden Regelungen selbst treffen.

Bsp.: Der parlamentarische Gesetzgeber regelt selbst die Grundzüge des Facharztwesens (u. a. Voraussetzungen der Facharztanerkennung, zugelassene Fachrichtungen); entsprechende Satzungen der Ärztekammern genügen nicht.

b) Formelle Anforderungen. Die Formalien (u. a. Mehrheiten beim   **150**
Satzungsbeschluss, evtl. aufsichtsbehördliche Genehmigung, Bekanntmachung) sind häufig, insbesondere in den Gemeindeordnungen, gesetzlich normiert. Das Beschlussverfahren muss sich von sachlichen Erwägungen leiten lassen; hier kann ein Mangel im Abwägungsvorgang zur Fehlerhaftigkeit der Satzung führen.

c) Materielle Anforderungen. Die Satzung muss sich im Rahmen der   **151**
verliehenen Autonomie halten und darf nicht gegen höherrangiges Recht verstoßen.

3.   Folge der Rechtswidrigkeit

Eine rechtswidrige Satzung ist nichtig und unverbindlich.   **152**

III. Verwaltungsvorschrift

1.   Begriff

VwVen sind generell-abstrakte Anordnungen vorgesetzter Behörden an   **153**
nachgeordnete Behörden oder die eines Behördenleiters an die ihm unterstellten Beschäftigten. Sie sind verwaltungsinterne rechtliche Regelungen und deshalb als „Innenrecht" keine Rechtsnormen, obwohl sie – mittelbar – Außenwirkung entfalten können. Die Abgrenzung zur VO beurteilt sich nicht nur nach formalen, sondern auch nach materiellen Kriterien (Adressatenkreis [Behörde – Jedermann], intendierte Rechtswirkungen).

In der Praxis sind für VwVen vielfältige Bezeichnungen gebräuchlich: Richtlinie; Erlass; Regelung; Rundverfügung; Durchführungsvorschrift; Vollzugsbestimmung; Dienstanweisung; Dienstvorschrift; allgemeine Anordnung.
Arten von VwVen:
–   Organisations- und Dienstvorschriften (z. B. Geschäftsverteilungspläne, Vorschriften über den Schriftverkehr).

- Norminterpretierende VwVen regeln die Auslegung unbestimmter Rechtsbegriffe (zu ihnen s. u. Rn. 188 f.).
- Ermessenslenkende VwVen, die bestimmen, nach welchen Kriterien vom Ermessen (s. u. Rn. 181 ff.) Gebrauch gemacht werden soll.
- Normkonkretisierende VwVen interpretieren Beurteilungsspielräume (s. u. Rn. 189).
- Gesetzesvertretende VwVen werden erlassen, wenn für regelungsbedürftige Bereiche Rechtsnormen fehlen (z. B. Subventionsrichtlinien über die Vergabe der im Haushaltsplan ausgewiesenen Fördermittel).

2. Rechtmäßigkeit

154 Die Befugnis zum Erlass von VwVen beruht auf der Leitungs- und Weisungskompetenz der übergeordneten Verwaltungsinstanz bzw. der Behördenleitung. Soweit nicht besondere Regelungen bestehen, können VwVen formlos ergehen und müssen nicht im amtlichen Publikationsorgan der Behörde (z. B. Gesetz- oder Amtsblatt) veröffentlicht werden. Inhaltlich müssen sie – wie alles Verwaltungshandeln – mit dem geltenden Recht in Einklang stehen (Gesetzmäßigkeit der Verwaltung, s. o. Rn. 7 ff.).

3. Rechtliche Außenwirkung

155 Dadurch, dass die Behörden die VwVen anwenden, wirken sie über den Innenbereich nach außen. VwVen können über die tatsächliche auch eine mittelbare rechtliche Außenwirkung erlangen (somit nicht unmittelbar als sog. originäres Administrativrecht, weil die Exekutive keine unabgeleitete Rechtsetzungskompetenz hat). Die VwVen begründen durch ständige Anwendung eine gleichmäßige Verwaltungspraxis, durch die sich die Vw. selbst bindet. Die Vw. verstößt daher gegen den Gleichheitssatz (Art. 3 I GG, s. o. Rn. 56), wenn sie im Einzelfall ohne sachlichen Grund von ihrer ständigen, durch eine VwV veranlasste Praxis abweicht. Der Bürger kann allerdings nicht die Verletzung der VwV als solcher, sondern muss die des Gleichheitssatzes rügen.

IV. Anhang: Rangordnung der Rechtsquellen

156 Die Rangordnung der Rechtsquellen wird auch als Normenhierarchie, Normenpyramide oder Stufenbau der Rechtsordnung bezeichnet.

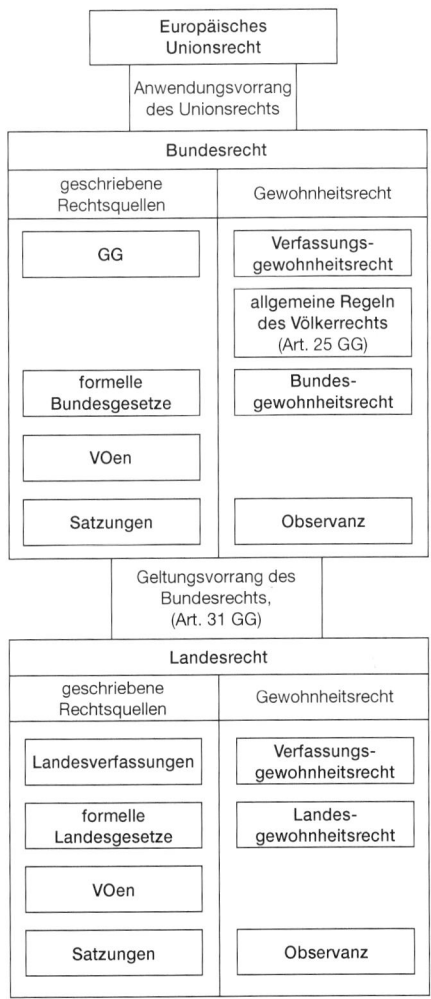

Gewohnheitsrecht entsteht durch längere und gleichmäßige Übung (consuetudo) sowie durch die Überzeugung, dass diese Übung rechtlich geboten sei (opinio iuris). Das Gewohnheitsrecht spielt heute nur eine untergeordnete Rolle. Die Observanz ist innerhalb juristischer Personen des öffentlichen Rechts das gewohnheitsrechtliche Gegenstück zur Satzung.

Bsp. für Gewohnheitsrecht: Allgemeiner Aufopferungsanspruch für hoheitliche Eingriffe in nichtvermögenswerte Rechte (Leben, Gesundheit, persönliche Freiheit); Pflicht der Rechtsanwälte zum Tragen ihrer Amtstracht (Robe) vor Gericht.

§ 7 Verwaltungsgerichtliches Klageverfahren

Das verwaltungsgerichtliche Klageverfahren führt zu einer externen Kontrolle des Verwaltungshandelns. Als Primärzweck verfolgt der Verwaltungsprozess den Schutz der subjektiven Rechte des Einzelnen und bildet ein wichtiges Instrument des Grundrechtsschutzes. Die Verwaltungsgerichtsbarkeit bezeichnet man auch als auch als „Schlussstein im Gewölbe des Rechtsstaats". Die Vw., bisher „Herrin des Verfahrens", rückt vor Gericht – wie der klagende Bürger – in die Rolle einer Prozesspartei.

A. Überblick

I. System der Klagearten

Gestaltungsklagen	Leistungsklagen	Feststellungsklagen
Anfechtungsklage (gegen VA [§ 42 Abs. 1 Alt. 1 VwGO]) **Sonstige Gestaltungsklagen** (z. B. Abänderungsklage [§§ 173 VwGO, 323 ZPO],Vollstreckungsgegenklage [§§ 173 VwGO, 767 ZPO])	**Verpflichtungsklage** (§ 42 Abs. 1 Alt. 2 VwGO) – Versagungsgegenklage (auf Erlass eines abgelehnten VA; bei gebundenem VA: Vornahmeklage; bei VA nach Ermessen: Bescheidungsklage) – Untätigkeitsklage (auf Erlass eines VA bei Untätigkeit der Behörde trotz Antrags) **Allgemeine Leistungsklage** – Leistungsvornahmeklage (auf Vornahme schlicht-hoheitlichen Verwaltungshandelns [kein VA]) – Unterlassungsklage (auf Unterlassung von Verwaltungshandeln)	**Feststellungsklage** (§ 43 Abs. 1 VwGO) **Fortsetzungsfeststellungsklage** (bei erledigten VAen [§ 113 Abs. 1 Satz 4 VwGO]) **Zwischenfeststellungsklage** (§§ 173 VwGO, 256 Abs. 2 ZPO) **Normenkontrolle** (§ 47 VwGO) Zweck: subjektiver Rechtsschutz und objektives Prüfungsverfahren Gegenstand: untergesetzliches Landesrecht (VOen, Satzungen) Entscheidung des OVG bzw. VGH durch Feststellungsurteil oder -beschluss

Die VwGO gewährt Rechtsschutz im Rahmen bestimmter Klage- und Antragsarten, ohne diese abschließend zu normieren (vgl. § 40 Abs. 1

Satz 1 VwGO). Im Interesse effektiven Rechtsschutzes (s. o. Rn. 10) sind über die gesetzlich geregelten Klagearten hinaus weitere Klagen anerkannt. Bei der Bestimmung der statthaften Klageart ist vom Klagebegehren auszugehen.

Ist ein begünstigender VA (z. B. Baugenehmigung, Gewerbeerlaubnis) mit einer für den Kläger nachteiligen Nebenbestimmung i. S. v. § 36 VwVfG versehen, kann er diese Nebenbestimmung grds. isoliert anfechten und braucht i. d. R. nicht auf Erlass eines neuen VA zu klagen. Dies gilt nicht, wenn der VA bei Aufhebung der Nebenbestimmung rechtswidrig würde.

160 Eine Klage vor dem VG ist erfolgreich, wenn sie zulässig und begründet ist. Das VG prüft deshalb ein Klagebegehren in zwei Schritten: Zunächst muss es von Amts wegen (also auch ohne dass die Parteien des Rechtsstreits diese Frage ansprechen) untersuchen, ob die Klage zulässig ist, d. h. ob die Voraussetzungen für eine Entscheidung in der Sache vorliegen. Die Zulässigkeitsvoraussetzungen werden deshalb auch Sachurteilsvoraussetzungen genannt. Ist dies nicht der Fall, muss das Gericht die Klage als unzulässig abweisen bzw. – wenn der Kläger den falschen Rechtsweg beschritten hat – die Sache an das zuständige Gericht des richtigen Rechtszuges (z. B. an ein Sozialgericht) verweisen. Nur wenn die Sachentscheidungsvoraussetzungen vorliegen, darf sich das Gericht mit dem Klagebegehren inhaltlich beschäftigen. Je nach dem Ergebnis dieser Prüfung wird es der Klage ganz oder teilweise stattgeben bzw. sie ganz oder teilweise abweisen.

II. Allgemeine Zulässigkeitsvoraussetzungen der Klage

161
1. Deutsche Gerichtsbarkeit (§ 18 GVG)
2. Verwaltungsrechtsweg (§ 40 VwGO)
3. Statthaftigkeit der Klageart
4. Zuständigkeit des Gerichts (§§ 48 ff. VwGO)
5. Beteiligtenfähigkeit (§ 61 VwGO)
6. Prozessfähigkeit, Vertretung (§§ 62, 67 VwGO)
7. ordnungsgemäße Klageerhebung
   a) Form (§ 81 VwGO)
   b) Inhalt (§ 82 VwGO)

8. ggf. Klagebefugnis (§ 42 Abs. 2 VwGO); Feststellungsinteresse (§ 43 Abs. 1 VwGO)
9. ggf. Vorverfahren (§§ 68 ff. VwGO)
10. ggf. Frist (§ 74 VwGO)
11. Rechtsschutzbedürfnis

Zulässigkeitsfragen dürfen in der schriftlichen Falllösung nur insoweit erörtert werden, als sie zweifelhaft sind. Grds. angesprochen werden sollten (2), (3) und (8) sowie, sofern erforderlich, (9) und (10).

Das Rechtsschutzbedürfnis fehlt, wenn der Kläger sein Begehren anderweitig leichter und mit gleichem Erfolg erreichen kann oder der Rechtsbehelf für ihn völlig sinnlos ist.   **162**

III. Zulässigkeitsvoraussetzungen der wichtigsten Klagearten

  163

Anfechtungsklage	Verpflichtungsklage	allgemeine Leistungsklage	Feststellungsklage	Fortsetzungsfeststellungsklage
(1) Verwaltungsrechtsweg	(1) Verwaltungsrechtsweg	(1) Verwaltungsrechtsweg	(1) Verwaltungsrechtsweg	(1) Verwaltungsrechtsweg
(2) Statthaftigkeit (§ 42 Abs. 1, 1. Alt. VwGO)	(2) Statthaftigkeit (§ 42 Abs. 1, 2. Alt. VwGO)	(2) Statthaftigkeit	(2) Statthaftigkeit (§ 43 Abs. 1, 2 VwGO)	(2) Statthaftigkeit (§ 113 Abs. 1 Satz 4 VwGO, ggf. analog)
(3) Klagebefugnis (§ 42 Abs. 2 VwGO)	(3) Klagebefugnis (§ 42 Abs. 2 VwGO)	(3) Klagebefugnis (§ 42 Abs. 2 VwGO analog)	(3) Klagebefugnis (§ 42 Abs. 2 VwGO analog)	(3) Klagebefugnis (§ 42 Abs. 2 VwGO analog)
(4) Vorverfahren (§§ 68 ff. VwGO)	(4) Vorverfahren (§§ 68 ff. VwGO).			(4) s. u. Rn. 198
(5) Klagefrist (§ 74 Abs. 1 VwGO)	(5) Klagefrist (§ 74 Abs. 2 VwGO)			

Anfechtungs-klage	Verpflich-tungsklage	allgemeine Leistungs-klage	Feststel-lungsklage	Fortsetzungs-feststellungs-klage
			(4) Feststel-lungsinteresse (§ 43 Abs. 1 VwGO)	(4) Fortset-zungsfeststel-lungsinteresse
			(5) Subsidiari-tät (§ 43 Abs. 2 VwGO)	

B. Verwaltungsrechtsweg

164 Während die ordentlichen Gerichte (s. u. Rn. 168) gem. § 13 GVG in Zivilsachen (v. a. bürgerliche [d. h. privatrechtliche] Rechtsstreitigkeiten) und in Strafsachen entscheiden, ist nach § 40 Abs. 1 VwGO der Verwaltungsrechtsweg in allen öffentlich-rechtlichen Streitigkeiten nichtverfassungsrechtlicher Art gegeben, soweit die Streitigkeiten durch Gesetz nicht anderen Gerichten ausdrücklich zugewiesen sind. Deklaratorisch eröffnet § 126 Abs. 1 BBG (§ 54 Abs. 1 BeamtStG) den Verwaltungsrechtsweg für Klagen aus dem Beamtenverhältnis.

I. Öffentlich-rechtliche Streitigkeit

165 Zur Unterscheidung von öffentlichem Recht und Privatrecht werden vornehmlich drei Theorien (Subordinations-, Sonderrechts-, und Interessentheorie) vertreten.

Die Subordinationstheorie stellt auf das Verhältnis der Beteiligten ab. Öffentliches Recht sei durch das Verhältnis der Über-/Unterordnung, Privatrecht durch das der Gleichordnung gekennzeichnet. Diese Theorie ist allerdings auf die Eingriffsverwaltung zugeschnitten und versagt vielfach im Bereich der Leistungsverwaltung.

Nach der Sonderrechtstheorie (Zuordnungstheorie, modifizierte Subjektstheorie) kommt es auf die Zuordnungssubjekte der maßgeblichen Rechtsvorschriften an. Die Rechtsnormen des öffentlichen Rechts wenden ausschließlich der Staat und sonstige Träger hoheitlicher Gewalt an (juristische Personen des öffentlichen Rechts; Beliehene, d. h. mit der hoheitlichen Wahrnehmung bestimmter Verwaltungsaufgaben betraute Privatpersonen [z. B. bevollmächtigte Bezirksschornsteinfeger; Sachverständige Technischer Überwachungsvereine]). Öffentliches Recht ist also das Sonderrecht des Staates. Dem Privatrecht werden dagegen die für jedermann geltenden Rechtssätze zugeordnet. „Jedermann" kann auch ein Träger hoheitlicher Gewalt sein (Bsp.: Gemeinde A kauft von der B GmbH Papier). Für Klagen gegen vom Staat beherrschte privatrechtliche Organisationen ohne Hoheitsbefugnisse kommt nur der Zivilrechtsweg in Betracht; dies gilt auch bei der Geltendmachung öffentlich-rechtlicher Bindungen (zur Grundrechtsbindung s. o. Rn. 37). Für die Qualifizierung als öffentliches Recht ist entscheidend, dass ein Hoheitsträger als solcher, d. h. gerade in seiner Hoheitsträgerfunktion, berechtigt oder verpflichtet wird.

Nach der Interessentheorie ist die Interessenrichtung der einschlägigen Rechtsnormen maßgeblich. Öffentliches Recht seien die dem öffentlichen Interesse, Privatrecht die dem Individualinteresse dienenden Normen. Diese Lehre wird heute nur noch subsidiär herangezogen.

Der praktische Wert der Abgrenzungstheorien ist gering. Wenn sich **166** zeigt, dass der Fall etwa nach dem Bauordnungsrecht oder nach dem Gewerberecht beurteilt wird, genügt der – kurze – Hinweis, dass das einschlägige Gesetz dem öffentlichen Recht angehört und deshalb eine öffentlich-rechtliche Streitigkeit vorliegt. Lediglich in Zweifelsfällen bedarf es des Rückgriffs auf die Abgrenzungstheorien. Wenn im konkreten Fall allerdings keine Rechtsnorm oder sich gegenseitig ausschließende Vorschriften des öffentlichen Rechts und des Privatrechts anwendbar sind, ist auf den Gesamtzusammenhang, in den der Fall gehört, sowie auf den Zweck des Verwaltungshandelns abzustellen.

Problemfälle:
- Von einem Beamten verursachter Verkehrsunfall: Zusammenhang und Zielsetzung der Autofahrt.
- Begehren eines Bürgers nach Widerruf bzw. Unterlassung bestimmter Äußerungen durch einen Beamten: Funktion, in der der Beamte die Äußerungen gemacht hat.
- Hausverbot an einen Bürger durch eine Behörde: Zweck des Hausverbots.
- Benutzung öffentlicher Einrichtungen (z. B. kommunales Schwimmbad, Universitätsbibliothek) nach sog. Zweistufentheorie: Zulassungsanspruch („ob") immer öffentlich-rechtlich, Benutzungsverhältnis („wie") privatrechtlich (Allgemeine Geschäftsbedingungen) oder öffentlich-rechtlich (Satzung).
- Beziehungen von Patienten zu Krankenhaus in Trägerschaft einer öffentlich-rechtlichen Körperschaft (z. B. Stadt): privatrechtlich.

II. Keine verfassungsrechtliche Streitigkeit

167 Für verfassungsrechtliche Streitigkeiten ist der Verwaltungsrechtsweg ausgeschlossen. Das ist der Fall bei sog. doppelter Verfassungsunmittelbarkeit: (1) Die Beteiligten nehmen unmittelbar am Verfassungsleben teil. (2) Die Streitigkeit betrifft verfassungsrechtlich geregelte Rechte oder Pflichten. Über solche Streitigkeiten entscheiden das BVerfG (s. o. insbesondere Rn. 98 ff.) und die Landesverfassungsgerichte.

III. Keine Zuweisung an ein anderes Gericht

1. Ordentliche Gerichte

168 Die ordentlichen Gerichte entscheiden kraft gesetzlicher Zuweisung über bestimmte öffentlich-rechtliche Streitigkeiten (abdrängende Sonderzuweisung).

– Ansprüche auf Enteignungsentschädigung (Art. 14 Abs. 3 Satz 4 GG);
– Amtshaftungsansprüche (Art. 34 Satz 3 GG);
– Ansprüche aus Aufopferung und öffentlich-rechtlicher Verwahrung (§ 40 Abs. 2 Satz 1 VwGO);
– Ansprüche aus der Verletzung öffentlich-rechtlicher Pflichten, die nicht auf einem öffentlich-rechtlicher Vertrag (s. o. Rn. 135 ff.) beruhen (§ 40 Abs. 2 Satz 1 VwGO);
– Anfechtung von Bußgeldbescheiden im Ordnungswidrigkeitenrecht (§§ 62, 68 OWiG);
– Maßnahmen von Staatsanwaltschaft und Polizei im Rahmen der Strafverfolgung (StPO);
– Justiz-VAe der Justizbehörden (§ 23 EGGVG) zur Regelung einzelner Rechtsangelegenheiten auf den Gebieten des bürgerlichen Rechts, des Zivilprozessrechts, der freiwilligen Gerichtsbarkeit und der Strafrechtspflege.

Ordentliche Gerichte sind: Amtsgerichte, Landgerichte, Oberlandesgerichte und der Bundesgerichtshof (§ 12 GVG).

2. Besondere Verwaltungsgerichte

169 FGO und SGG weisen bestimmte öffentlich-rechtliche Streitigkeiten den Finanzgerichten und den Sozialgerichten als besonderen Verwaltungsgerichten zu.

Die Finanzgerichte entscheiden nach § 33 FGO u. a. in Abgabenangelegenheiten, soweit die Abgaben der Gesetzgebung des Bundes unterliegen und durch

Bundes- oder Landesfinanzbehörden verwaltet werden; wegen kommunaler Abgaben ist deshalb der Verwaltungsrechtsweg eröffnet.

Die Sozialgerichte sind u. a. zuständig für Klagen auf dem Gebiet der gesetzlichen Rentenversicherung, der gesetzlichen Krankenversicherung und sonstigen Angelegenheiten der Sozialversicherung und der Arbeitslosenversicherung (§ 51 SGG).

C. Klagebefugnis

Besondere Zulässigkeitsvoraussetzung von Anfechtungsklage (§ 42 Abs. 1, 1. Alt. VwGO) und Verpflichtungsklage (§ 42 Abs. 1, 2. Alt. VwGO) ist nach § 42 Abs. 2 VwGO die Klagebefugnis. Sie ist auch für die allgemeine Leistungsklage, die Feststellungsklage (s. u. Rn. 194) und die Fortsetzungsfeststellungsklage (s. u. Rn. 197) erforderlich (ständige Rspr.). Die Klagebefugnis bezweckt primär den Ausschluss der sog. Popularklage, d. h. einer Klage, mit der der Kläger lediglich die Nichtbeachtung der objektiven Rechtsordnung rügt und damit i. d. R. Interessen der Allgemeinheit, nicht aber eine Verletzung seiner eigenen subjektiven Rechte geltend macht. Nach dem Vorbringen des Klägers muss es zumindest möglich sein, dass der angegriffene VA oder seine Ablehnung bzw. Unterlassung rechtswidrig ist und dadurch seine Rechte verletzt sind (sog. Möglichkeitstheorie). Die Frage, ob die Rechtsverletzung tatsächlich vorliegt, gehört zur Begründetheit der Klage.
Ist der Kläger Adressat des angefochtenen VA bzw. hat er den Antrag auf Erlass des abgelehnten oder unterlassenen VA selbst gestellt, ist er ohne Weiteres klagebefugt (sog. Adressaten- bzw. Antragsformel). Insoweit genügt ein entsprechender knapper Hinweis, dass der Kläger als Adressat bzw. Antragsteller klagebefugt ist. Bei der Verpflichtungsklage sollte zudem die Anspruchsnorm genannt werden.

170

In den übrigen Fällen ist zu untersuchen, ob subjektive eigene Rechte möglicherweise verletzt oder nur bloße Interessen bzw. Rechtsreflexe des Klägers berührt sind.

171

Zu unterscheiden sind formelle und materielle subjektive öffentliche Rechte. Aufgrund eines formellen subjektiven öffentlichen Rechts kann der Bürger nur eine ermessensfehlerfreie Entscheidung beanspruchen (zum Ermessen s. u. Rn. 181 ff.). Von einem materiellen subjektiven öffentlichen Recht spricht man, wenn der Bürger bei Vorliegen der tatbestandsmäßigen Voraussetzungen einer Norm den begehrten VA verlangen kann.

Das Vorliegen eines subjektiven öffentlichen Rechts beurteilt sich nach der sog. Schutznormtheorie. Danach kommt es darauf an, ob die Norm, auf der der angefochtene VA oder der mögliche Anspruch beruht, dazu bestimmt ist, rechtliche Einzelinteressen eines bestimmten und abgrenzbaren Kreises Berechtigter zu schützen. Die Norm muss zumindest auch dem Schutz von Individualinteressen zu dienen bestimmt sein. Ein bloßer Rechtsreflex ergibt sich aus Normen, die ausschließlich öffentlichen Interessen dienen sollen, jedoch faktisch auch Individualinteressen zugutekommen.

Praktisch bedeutsam ist die Abgrenzung zwischen subjektivem Recht und Rechtsreflex in folgenden Bereichen: Nachbarschutz im Bau-, Immissionsschutz- und Gaststättenrecht (Bsp.: bei der Anfechtung einer dem Nachbarn erteilten Baugenehmigung macht der Kläger geltend, die Genehmigung verletze ihn schützende Normen des Bauordnungsrechts); Konkurrentenschutz im Beamtenrecht (z. B. Streit um die Besetzung eines Beförderungsdienstpostens) und im Wirtschaftsverwaltungsrecht (z. B. Anfechtung des dem Unternehmer A erteilten Subventionsbescheides durch den Mitbewerber B).

D. Vorverfahren

I. Funktionen

172 Der Anfechtungs- und der Verpflichtungsklage ist das Widerspruchsverfahren als Vorverfahren vorgeschaltet (§ 68 Abs. 1 Satz 1, Abs. 2 VwGO). Bei beiden Klagearten ist grds. die erfolglose Durchführung des Vorverfahrens Zulässigkeitsvoraussetzung. Das Widerspruchsverfahren hat einen Doppelcharakter: Es ist verwaltungsgerichtliches Vorverfahren und behördliches Verwaltungsverfahren. Deshalb werden die Regeln der VwGO durch die Vorschriften des VwVfG ergänzt (§ 79 VwVfG). Das Vorverfahren dient dem Rechtsschutz des Bürgers, der Selbstkontrolle der Verwaltung und der Entlastung der Gerichte.

Das Vorverfahren entfällt im Falle der gesetzlichen Entbehrlichkeitserklärung (§ 68 Abs. 1 Satz 2, 1. Alt. VwGO). Die Länder haben von dieser Möglichkeit umfangreich Gebrauch gemacht. Darüber hinaus entfällt das Vorverfahren bei VAen oberster Bundes- oder Landesbehörden (§ 68 Abs. 1 Satz 2 Nr. 1 VwGO) und bei erstmaliger Beschwer des Anfechtenden durch den Abhilfe- oder den Widerspruchsbescheid (§ 68 Abs. 1 Satz 2 Nr. 2 VwGO).

Vom (förmlichen) Widerspruch sind die sog. formlosen Rechtsbehelfe zu unterscheiden, die sich auf das Petitionsgrundrecht (Art. 17 GG) gründen:
- Die Parlamentspetition (vgl. Art. 45c GG) richtet sich an den BT oder einen LT.
- Gegenvorstellung; Ziel: Aufhebung oder Änderung der behördlichen Maßnahme.
- Die Fachaufsichtsbeschwerde rügt das Ergebnis behördlichen Handelns; Ziel: Aufhebung oder Änderung der Maßnahme.
- Die Dienstaufsichtsbeschwerde betrifft die Art und Weise behördlichen Handelns; Ziel: dienst- oder disziplinarrechtliche Ahndung eines Bediensteten der Vw.

Der Bürger kann Aufsichtsmaßnahmen nicht gerichtlich erzwingen.

Das Soldaten-, Sozial- und Steuerrecht kennen besondere förmliche Rechtsbehelfe (Beschwerde [WBO]; Widerspruch [§§ 78 ff. SGG]; Einspruch [§§ 347 ff. AO]).

II. Wirkungen des Widerspruchs

Der Widerspruch gegen einen VA hat gem. § 80 Abs. 1 VwGO grds. **173** aufschiebende Wirkung (sog. Suspensiveffekt); sie entfällt nur ausnahmsweise (§§ 80 Abs. 2, 80a Abs. 1 Nr. 1, Abs. 2 VwGO, u. a. bei unaufschiebbaren Maßnahmen der Vollzugspolizei [auch bei Verkehrszeichen] und bei Anordnung der sofortigen Vollziehung). Die aufschiebende Wirkung hemmt die Vollziehbarkeit des VA, hat aber auf dessen Wirksamkeit keinen Einfluss (Vollzughemmungstheorie, h. M.). Diese Wirkung tritt auch bei Widerspruchseinlegung durch einen Dritten ein. Hilft die Ausgangsbehörde dem Widerspruch nicht durch Abhilfebescheid (§ 72 VwGO) ab, ergeht ein Widerspruchsbescheid (§ 73 Abs. 1 Satz 1 VwGO), den grds. die nächsthöhere Behörde (§ 73 Abs. 1 Satz 2 Nr. 1 VwGO) erlässt (sog. Devolutiveffekt).

III. Zulässigkeit des Widerspruchs

Ebenso wie bei der Klage ist beim Widerspruch vor der Begründetheit **174** die Zulässigkeit zu prüfen. Die Zulässigkeitsvoraussetzungen werden auch als Sachbescheidungsvoraussetzungen bezeichnet.

1. Zulässigkeit des Verwaltungsrechtswegs (§ 40 Abs. 1 VwGO analog)
2. Statthaftigkeit des Widerspruchs (§ 68 VwGO)
   a) Vorliegen eines VA/Erstreben eines VA
      aa) Anfechtungswiderspruch (§ 68 Abs. 1 Satz 1 VwGO)
      bb) Verpflichtungswiderspruch (§ 68 Abs. 2 VwGO)
   b) Fehlen spezialgesetzlicher Ausschlussnormen (§ 68 Abs. 1 S. 2 VwGO)
   c) VA einer Behörde unterhalb einer obersten Bundes- oder Landesbehörde (§ 68 Abs. 1 Satz 2 Nr. 1 VwGO)
   d) keine erstmalige Beschwer durch einen Abhilfe- oder Widerspruchsbescheid (§ 68 Abs. 1 Satz 2 Nr. 2 VwGO)
   e) kein Untätigkeitswiderspruch (§§ 68 Abs. 2, 75 VwGO)
3. Beteiligtenfähigkeit (§§ 79, 11 VwVfG)
4. Handlungsfähigkeit (§§ 79, 12 VwVfG)
5. Vollmacht (§§ 79, 14 VwVfG)
6. Form (§ 70 VwGO)
7. Frist (§ 70 VwGO)
8. Widerspruchsbefugnis (§ 42 Abs. 2 VwGO analog)
9. Behördenzuständigkeit (§ 70 Abs. 1 VwGO)
10. Widerspruchsbefugnis (§ 42 Abs. 2 VwGO analog)
11. Widerspruchsinteresse

Wie bei der Klage dürfen auch beim Widerspruch in der Falllösung nur solche Zulässigkeitsvoraussetzungen erörtert werden, deren Vorliegen Zweifeln begegnet.

175 Weist die Widerspruchsbehörde einen verspätet eingelegten Widerspruch (vgl. § 70 VwGO) als unzulässig zurück, ist auch eine Klage unzulässig (h. M.). Denn das Vorverfahren wurde zwar erfolglos, aber nicht ordnungsgemäß durchgeführt.

Ist die Widerspruchsfrist oder die Klagefrist (§ 74 VwGO) abgelaufen, wird der VA unanfechtbar und erlangt die sog. formelle Bestandskraft. Die sog. materielle Bestandskraft eines unanfechtbaren VA besteht darin, dass die Beteiligten an ihn gebunden sind (Bindungswirkung). Die Vw. kann ihn nach Ablauf der Rechtsbehelfsfristen nur noch in den Grenzen der §§ 48, 49 VwVfG aufheben. Von der Bestandskraft ist die sog. Tatbestandswirkung zu unterscheiden, wonach ein wirksamer VA (§ 43 VwVfG) von allen Staatsorganen zu beachten und als gegebener „Tatbestand" ihren Entscheidungen zugrunde zu legen ist.

Hat die Behörde auf einen verspäteten und deshalb unzulässigen Widerspruch zur Sache entschieden, ist die Klage grds. zulässig (h. M.). Die Widerspruchsbehörde hat die Sachherrschaft und kann die Fristversäumnis heilen. Richtet sich der verspätete Widerspruch jedoch gegen einen VA, der einen Dritten begünstigt, so darf die Widerspruchsbehörde keine Sachentscheidung treffen; die gesicherte Rechtsposition des Dritten kann nur nach §§ 48, 49 VwVfG beseitigt werden.

IV. Begründetheit des Widerspruchs

Der Widerspruch ist begründet, wenn der angefochtene VA oder die **176** Ablehnung des beantragten VA rechtswidrig und der Widerspruchsführer dadurch in seinen Rechten verletzt ist.
Bei Ermessensentscheidungen (s. u. Rn. 181 ff.) ist der Widerspruch auch dann begründet, wenn der VA oder die Ablehnung des beantragten VA unzweckmäßig und die Ermessensnorm zumindest auch den Interessen des Widerspruchsführers zu dienen bestimmt ist. Zweckwidrig ist ein VA, wenn eine andere Entscheidung das von der Vw. verfolgte Ziel besser erreichen kann.

Bei der Begründetheitsprüfung ist grds. auf die Sach- und Rechtslage **177** im Zeitpunkt des Erlasses des Widerspruchsbescheids, der das Verwaltungsverfahren abschließt, abzustellen. Ist der VA rechtswidrig, weil die Ausgangsbehörde Verfahrens- oder Formvorschriften verletzt hat und diese Verletzung den VA nicht ausnahmsweise nichtig macht (s. o. Rn. 131 f.), kann der Fehler bis zum Abschluss des Vorverfahrens geheilt werden (§ 45 Abs. 1, 2 VwVfG).

V. Reformatio in peius

Von einer reformatio in peius (Verböserung) spricht man, wenn im **178** Widerspruchsverfahren der angefochtene Ausgangs-VA zum Nachteil des Widerspruchsführers abgeändert wird.

Bsp.: Auf den Widerspruch gegen die bauordnungsrechtliche Anordnung des Teilabbruchs eines widerrechtlich errichteten Gebäudes wird die vollständige Beseitigung angeordnet.

Da das Vorverfahren kein reines Rechtsschutzverfahren, sondern einen Teil des Verwaltungsverfahrens darstellt, ist die Behörde nicht an den Antrag des Widerspruchsführers gebunden und kann den VA deshalb grds. auch zu seinen Ungunsten ändern.

Dies gilt nicht, falls der Vertrauensschutz des Widerspruchsführers überwiegt. Nach § 71 VwGO soll der Betroffene vor Erlass des Abhilfe- oder des Widerspruchsbescheids angehört werden, wenn die Änderung oder die Aufhebung des VA erstmalig mit einer Beschwer verbunden ist. Beschwer bedeutet jede nachteilige Änderung der Rechtsstellung gegenüber dem Ausgangs-VA oder die Aufrechterhaltung einer Belastung, die auf neue Tatsachen oder eine neue rechtliche Bewertung gestützt wird.

Außerhalb eines Rechtsbehelfsverfahrens kann die Behörde rechtswidrige VAe nach § 48 VwVfG zurücknehmen. § 49 VwVfG begrenzt den Widerruf rechtmäßiger VAe.

E. Begründetheit von Anfechtungs- und Verpflichtungsklage

I. Entscheidung des VG

1. Anfechtungsklage

179 Die Anfechtungsklage ist begründet, wenn der VA rechtswidrig und der Kläger dadurch in seinen Rechten verletzt ist. In diesem Fall hebt das VG den VA und den etwaigen Widerspruchsbescheid auf (§ 113 Abs. 1 Satz 1 VwGO). Bei der Beurteilung der Rechtmäßigkeit kommt es grds. auf den Zeitpunkt der letzten Behördenentscheidung an.

Begründetheit der Anfechtungsklage
1. Passivlegitimation (richtiger Beklagter, § 78 VwGO [z. B. Bundesrepublik Deutschland, Land A, Stadt B])
2. Rechtsgrundlage des VA
3. Formelle Voraussetzungen:
   a) Zuständigkeit der Behörde
   b) Verfahren
   c) Form

> 4. Materielle Voraussetzungen:
>   a) Vereinbarkeit der Rechtsgrundlage des VA mit höherrangigem Recht
>   b) Vereinbarkeit des VA mit seiner Rechtsgrundlage (Subsumtion)
>   c) ggf. Ermessensausübung
> 5. Rechtsverletzung des Klägers

Zu den möglichen Fehlern eines VA s. o. Rn. 131 ff. Einzelne Verfahrenshandlungen können gem. § 45 Abs. 2 VwVfG bis zum Abschluss der letzten Tatsacheninstanz nachgeholt werden (Antrag, Begründung, Anhörung, Beschluss eines Ausschusses, Mitwirkung einer anderen Behörde). Dies gilt nach der Rspr. grds. auch für andere Verfahrenserfordernisse.

2. Verpflichtungsklage

Die Verpflichtungsklage ist begründet, wenn die Ablehnung oder Unterlassung des VA rechtswidrig und der Kläger dadurch in seinen Rechten verletzt ist (§ 113 Abs. 5 VwGO). Hat der Kläger einen materiellrechtlichen Anspruch auf einen bestimmten VA, so erlässt das VG ein sog. Vornahmeurteil (§ 113 Abs. 5 Satz 1 VwGO). Sonst (u. a. bei VAen im Ermessen der Behörde) ergeht ein sog. Bescheidungsurteil (§ 113 Abs. 5 Satz 2 VwGO). Maßgeblicher Zeitpunkt für die Beurteilung des geltend gemachten Anspruchs ist die letzte mündliche Verhandlung. **180**

> **Begründetheit der Verpflichtungsklage**
> 1. Passivlegitimation
> 2. Vornahmeklage: Bestehen des Anspruchs
> 3. Bescheidungsklage:
>   a) Rechtswidrigkeit des Ablehnungs-VA aufgrund fehlerhafter Ermessensausübung der Behörde
>   b) keine Ermessensreduzierung auf null (fehlende Spruchreife)
> 4. Rechtsverletzung des Klägers

II. Ermessen der Verwaltung

Nach § 40 VwVfG hat die Behörde ihr Ermessen entsprechend dem Zweck der Ermächtigung auszuüben und die gesetzlichen Grenzen des **181**

Ermessens einzuhalten. Die Kontrollbefugnis der VGe ist gem. § 114 Satz 1 VwGO auf die Beachtung dieser Vorgaben durch die Behörden beschränkt.

1. Begriff

182 Die Vw. hat Ermessen (nicht: „Ermessensspielraum") wenn sie bei Verwirklichung des gesetzlichen Tatbestands zwischen verschiedenen Verhaltensweisen wählen kann. Liegt der Tatbestand X vor, so kann sie die Rechtsfolge A, B oder C wählen. Sofern sie dabei die Ermessensbindungen beachtet, ist jede Rechtsfolge gesetzlich gedeckt und daher rechtmäßig. Der Gesetzgeber selbst räumt der Vw. Ermessen ein. Im Gegensatz dazu ist die gesetzlich gebundene Vw. zum Handeln verpflichtet. Ist der Tatbestand Y erfüllt, gibt es nur die Rechtsfolge D.

Bei Gesetzesformulierungen wie „kann", „darf" oder „ist befugt" hat die Vw. Ermessen. Bei den Ausdrücken „muss", „ist zu erteilen" oder „darf nicht" fehlt es. Wenn die Vw. bei Erfüllung eines Tatbestandes tätig werden „soll", ist sie dazu i. d. R. verpflichtet und kann nur ausnahmsweise davon absehen.

2. Ermessensfehler

183 Man unterscheidet drei Gruppen von Ermessensfehlern: Ermessensnichtgebrauch/Ermessensunterschreitung; Ermessensfehlgebrauch; Ermessensüberschreitung.

184 **a) Ermessensnichtgebrauch/Ermessensunterschreitung.** Bei einem Ermessensnichtgebrauch macht die Behörde von dem ihr eingeräumten Ermessen keinen Gebrauch. Bei der Ermessensunterschreitung verkennt die Behörde den vollständigen Umfang des Ermessens, indem sie nicht sämtliche ihr zustehenden Möglichkeiten erfasst und/oder berücksichtigt.

185 **b) Ermessensfehlgebrauch.** Beim Ermessensfehlgebrauch (Ermessensmissbrauch) berücksichtigt die Behörde nicht in ihre Abwägung einzubeziehende Gesichtspunkte (sog. Abwägungsdefizit) oder sie beachtet nicht bzw. nicht hinreichend den Zweck der gesetzlichen Ermessenseinräumung (sog. Zweckverfehlung).

Bsp.: Allgemein zweckwidrig sind parteipolitische Erwägungen.

c) Ermessensüberschreitung. Bei einer Ermessensüberschreitung trifft **186** die Behörde eine außerhalb des gesetzlich abgesteckten Rechtsfolgerahmens liegende Entscheidung.

Bsp.: Die Behörde erhebt eine Gebühr von 100,– €, obwohl die Gebührenordnung einen Rahmen von 40,– € bis 80,– € vorsieht.

3. Ermessensreduzierung

Wenn nur noch eine Entscheidung ermessensfehlerfrei ist, weil alle an- **187** deren ermessensfehlerhaft wären, und die Behörde diese eine Entscheidung treffen muss, liegt eine Ermessensreduzierung auf Null bzw. eine Ermessensschrumpfung vor. Solche Reduzierungen ergeben sich insbesondere aus dem VerfR.

Bsp.: Die Behörde muss politischen Parteien während des Wahlkampfes die straßenrechtliche Sondernutzungserlaubnis, die an sich im Ermessen liegt, für das Aufstellen von Wahlplakaten im Hinblick auf Art. 21 Abs. 1 Satz 1, 38 Abs. 1 Satz 1 GG erteilen.

III. Unbestimmter Rechtsbegriff

Während das Ermessen auf der Rechtsfolgenseite einer Norm erscheint, **188** verwendet der Gesetzgeber unbestimmte Rechtsbegriffe auf der Tatbestandsseite (zur verfassungsrechtlichen Unbedenklichkeit s. o. Rn. 3).

Bsp.: Das Bauen im Außenbereich ist u. a. bei entgegenstehenden „öffentlichen Belangen" unzulässig (§ 35 I BauGB). Die Gaststättenerlaubnis ist zu versagen, wenn Tatsachen die Annahme rechtfertigen, dass der Antragsteller die „erforderliche Zuverlässigkeit" nicht besitzt (§ 4 Abs. 1 Satz 2 Nr. 1 GastG). „Aus „dienstlichen Gründen" kann ein Beamter auch ohne seine Zustimmung versetzt werden (§ 28 Abs. 2 BBG); zur Versetzung von Beamten s. o. Rn. 129.

Das behördliche Verständnis und die behördliche Auslegung unbestimmter Rechtsbegriffe sind grds. gerichtlich voll überprüfbar. Dies gebietet das Rechtsstaatsprinzip, insbesondere die Rechtsschutzgarantie des Art. 19 Abs. 4 GG (s. o. Rn. 10).

Nur ausnahmsweise erkennt die Rspr. eine eingeschränkte gerichtliche **189** Kontrolle unbestimmter Rechtsbegriffe und damit einen sog. Beurteilungsspielraum an. Nach der sog. normativen Ermächtigungslehre muss sich der Beurteilungsspielraum mit hinreichender Deutlichkeit aus der einschlägigen Norm selbst ergeben (h. M.).

Fallgruppen eingeschränkter gerichtlicher Kontrolle:
– Prüfungsentscheidungen und prüfungsähnliche Entscheidungen;
– beamten- und soldatenrechtliche dienstliche Beurteilungen;
– Entscheidungen wertender Art durch Gremien, die weisungsunabhängig, staatsfern und nach besonderen Kriterien (Sachverstand, Interessenvertreter) zusammengesetzt sind;
– Prognose- und Risikoentscheidungen, v. a. im Umwelt- und im Wirtschaftsverwaltungsrecht.

Auch bei Einräumung eines Beurteilungsspielraums unterliegen uneingeschränkter gerichtlicher Kontrolle: die vollständige zutreffende Feststellung des Sachverhalts, die Einhaltung des Verfahrensrechts, das richtige Verständnis anzuwendenden Gesetzesbegriffs, die Wahrung allgemeingültiger Bewertungsmaßstäbe und der etwaige Einfluss sachwidriger Erwägungen.

IV. Koppelungstatbestände

190 Ein unbestimmter Rechtsbegriff (einschließlich eines möglichen Beurteilungsspielraums) auf der Tatbestandsseite einer Norm kann mit Ermessen auf der Rechtsfolgenseite derselben Norm kombiniert werden. Man spricht dann von einem Koppelungstatbestand bzw. einem Mischtatbestand.

Bsp.: Wenn „dienstliche Belange" (unbestimmter Rechtsbegriff) nicht entgegenstehen, „kann" (Ermessen) einem Beamten Teilzeitbeschäftigung bewilligt werden (§ 91 Abs. 1 BBG).

F. Feststellungsklagen

I. Allgemeine Feststellungsklage

1. Statthaftigkeit

191 Die allgemeine Feststellungsklage (§ 43 Abs. 1 VwGO) dient der Feststellung des Bestehens (positive Feststellungsklage) oder des Nichtbestehens (negative Feststellungsklage) eines Rechtsverhältnisses und der Feststellung der Nichtigkeit eines VA (Nichtigkeitsfeststellungsklage).

Bei dieser Klageart geht es um die gerichtliche Beantwortung einer zwischen dem Kläger und der Behörde streitigen konkreten Rechtsfrage. Unter Rechtsverhältnis sind die aus einem konkreten Sachverhalt aufgrund einer Rechtsnorm des öffentlichen Rechts sich ergebenden rechtlichen Beziehungen einer Person zu einer anderen Person oder zu einer Sache zu verstehen.
Die Nichtigkeitsfeststellungsklage setzt voraus, dass objektiv ein VA erlassen wurde.

2. Feststellungsinteresse

§ 43 Abs. 1 VwGO fordert ein berechtigtes Interesse des Klägers an baldiger Feststellung (Feststellungsinteresse). Berechtigt ist jedes schutzwürdige Interesse rechtlicher, wirtschaftlicher oder ideeller Art an der Klärung eines umstrittenen Rechtsverhältnisses oder eines VA. Ein Interesse an baldiger Feststellung liegt vor, wenn die gerichtliche Beantwortung jetzt erforderlich ist.   **192**

3. Subsidiarität

Die Feststellungsklage ist gegenüber der Gestaltungs- oder Leistungsklage subsidiär (§ 43 Abs. 2 Satz 1 VwGO). Die Subsidiaritätsklausel sperrt die Feststellungsklage, wenn der Kläger sein Ziel mit einer anderen Klageart besser erreichen kann.   **193**
§ 43 Abs. 2 Satz 1 VwGO soll verhindern, dass der Kläger die besonderen Zulässigkeitsvoraussetzungen von Anfechtungs- und Verpflichtungsklage (s. o. Rn. 163) durch die Erhebung einer Feststellungsklage unterläuft.
Für die Nichtigkeitsfeststellungsklage gilt die Subsidiaritätsklausel nicht (§ 43 Abs. 2 Satz 2 VwGO).

4. Klagebefugnis

Bei der Feststellungsklage ist die Klagebefugnis (s. o. Rn. 170 f.) analog § 42 Abs. 2 VwGO erforderlich (ständige Rspr.). Dem Kläger muss es um die Verwirklichung eigener Rechte gehen. Die Popularklage (s. o. Rn. 170) soll ausgeschlossen bleiben.   **194**

5. Begründetheit

Die Feststellungsklage ist begründet, wenn das streitige Rechtsverhältnis tatsächlich besteht bzw. nicht besteht oder der VA nichtig ist (s. o. Rn. 117 ff.).   **195**

II. Fortsetzungsfeststellungsklage

1. Statthaftigkeit

196 § 113 Abs. 1 Satz 4 VwGO zielt auf die Feststellung der Rechtswidrigkeit eines erledigten VA (nicht eines Realakts). Ein VA ist erledigt, wenn er keine Rechtswirkungen mehr entfaltet und deshalb seine Aufhebung sinnlos geworden ist. Als Erledigungsgründe (vgl. § 43 Abs. 2 VwVfG) kommen u. a. die Aufhebung oder Zeitablauf, Eintritt einer auflösenden Bedingung (§ 36 Abs. 2 Nr. 2 VwVfG) oder Wegfall des Regelungsobjekts in Betracht. Ein wichtiger Anwendungsfall sind Maßnahmen der Vollzugspolizei.

Während § 113 Abs. 1 Satz 4 VwGO nur die Erledigung nach Erhebung der Anfechtungsklage (§ 42 Abs. 1, 1. Alt. VwGO) betrifft, hat die Rspr. den Anwendungsbereich dieser Klageart auf die Erledigung nach Erhebung der Verpflichtungsklage (§ 42 Abs. 1, 2. Alt. VwGO) und auf die Erledigung des angefochtenen oder beantragten VA vor Klageerhebung ausgeweitet; für die diese Fälle gilt § 113 Abs. 1 Satz 4 VwGO entsprechend.

2. Klagebefugnis

197 Der Kläger muss analog § 42 Abs. 2 VwGO klagebefugt sein (zur Klagebefugnis s. o. Rn. 170 f.).

3. Vorverfahren

198 Hat sich der VA bzw. das Verpflichtungsbegehren erst nach Ablauf der Widerspruchsfrist (§ 70 VwGO) erledigt, muss das Vorverfahren (s. o. Rn. 172 ff.) ordnungsgemäß eingeleitet worden sein. Tritt die Erledigung bereits vor Ablauf der Widerspruchsfrist ein, ist kein Vorverfahren erforderlich.

4. Fortsetzungsfeststellungsinteresse

199 Der Kläger muss ein sog. Fortsetzungsfeststellungsinteresse haben. Hierfür reicht jedes schutzwürdige Interesse rechtlicher, wirtschaftlicher oder ideeller Art. Die Rspr. bejaht das Fortsetzungsfeststellungsinteresse bei Wiederholungsgefahr, bei einem Rehabilitationsinteresse, bei der Vorbereitungsabsicht für einen Schadensersatzprozess (Präjudizinteresse) und bei einem gewichtigen, zeitlich aber überholten Grundrechtseingriff.

5. Klagefrist

Hat sich der VA nach Klageerhebung erledigt, muss gegen den ablehnenden Widerspruchsbescheid innerhalb der Monatsfrist (§ 74 VwGO) Klage erhoben worden sein. Ist die Erledigung bereits vor Bestandskraft des VA eingetreten, gilt keine Frist. **200**

6. Begründetheit

Die Fortsetzungsfeststellungsklage ist begründet, wenn der VA bzw. seine Ablehnung im Zeitpunkt der Erledigung rechtswidrig gewesen war und der Kläger in seinen Rechten verletzt wurde. **201**

§ 8 Vorläufiger verwaltungsgerichtlicher Rechtsschutz

202 Die Rechtsschutzgarantie des Art. 19 Abs. 4 GG (s. o. Rn. 10) umfasst das Gebot rechtzeitigen Rechtsschutzes. Sie gebietet vorläufigen verwaltungsgerichtlichen Rechtsschutz, wenn ohne ihn schwere und unzumutbare, anders nicht abwendbare Nachteile entstehen, zu deren nachträglicher Beseitigung die Hauptsacheentscheidung (im Klageverfahren) nicht mehr in der Lage ist. Der vorläufige Rechtsschutz soll verhindern, dass die Vw. ohne vorherige gerichtliche Kontrolle Fakten schafft. Die VwGO enthält zwei Arten des vorläufigen Rechtsschutzes, und zwar das Aussetzungsverfahren (§ 80 VwGO) und das Anordnungsverfahren (§ 123 VwGO). Auch im Normenkontrollverfahren kommt gem. § 47 Abs. 6 VwGO vorläufiger Rechtsschutz in Betracht.

A. Aussetzungsverfahren

I. Zulässigkeit

1. Verwaltungsrechtsweg

203 Für einen Antrag im Aussetzungsverfahren muss nach § 40 Abs. 1 VwGO der Verwaltungsrechtsweg eröffnet sein (s. o. Rn. 164 ff).

2. Statthaftigkeit

204 Der Antrag gem. § 80 Abs. 5 VwGO ist statthaft, wenn im Hauptsacheverfahren die Anfechtungsklage (§ 42 Abs. 1, 1. Alt. VwGO) die richtige Klageart ist. Der VA muss sofort vollziehbar sein (§ 80 Abs. 2 VwGO) Kommt im Hauptsacheverfahren eine andere Klageart (Leistungs- oder Feststellungsklage [s. o. Rn. 158]) in Betracht, gewährt das Anordnungsverfahren vorläufigen Rechtsschutz (arg. § 123 Abs. 5 VwGO).

3. Antragsbefugnis

205 Die Antragsbefugnis entspricht der Klagebefugnis des Hauptsacheverfahrens. Analog § 42 Abs. 2 VwGO muss es nach den Behauptungen des Antragstellers zumindest möglich erscheinen, dass der VA seine Rechte verletzt (s. o. Rn. 170). Unproblematisch ist die Antragsbefugnis im Anwendungsbereich der sog. Adressatenformel. Bei einem an einen anderen gerichteten VA mit Doppelwirkung, der den Antragsteller benachteiligt (§ 80a Abs. 1 VwGO), ist die Antragsbefugnis nach der sog. Schutznormtheorie zu bestimmen (s. o. Rn. 171).

4. Zuständigkeit

Für die Entscheidung im Aussetzungsverfahren ist das Gericht der Hauptsache zuständig (§ 80 Abs. 5 Satz 1 VwGO). Die Zuständigkeit liegt also bei dem Gericht, bei dem die Hauptsache anhängig ist. Wurde noch keine Klage erhoben, entscheidet das Gericht, bei dem die Klage zu erheben wäre.   **206**

5. Rechtsschutzbedürfnis

Das Rechtsschutzbedürfnis folgt aus der drohenden Vollziehung des VA. Es besteht nicht, wenn der Rechtsbehelf in der Hauptsache offensichtlich unzulässig ist (insbesondere bei abgelaufener Widerspruchs- oder Klagefrist). Ein Aussetzungsantrag bei der Behörde ist grds. nicht erforderlich (Ausnahme: Anforderung öffentlicher Abgaben und Kosten [§ 80 Abs. 6 Satz 1 VwGO).   **207**

II. Begründetheit

1. Antrag auf Wiederherstellung der aufschiebenden Wirkung

Der Antrag auf Wiederherstellung der aufschiebenden Wirkung nach behördlicher Anordnung der sofortigen Vollziehung (§ 80 Abs. 2 Satz 1 Nr. 4 VwGO) ist bereits begründet, wenn die Behörde gegen die Pflicht zur Begründung des besonderen Interesses an der sofortigen Vollziehung (§ 80 Abs. 3 Satz 1 VwGO) verstoßen hat. Im Übrigen ist der Antrag bei voraussichtlichem Erfolg des Antragstellers im Hauptsacheverfahren begründet. Dies ist bei einem rechtswidrigen VA und einer Rechtsverletzung des Klägers der Fall.   **208**

2. Antrag auf Anordnung der aufschiebenden Wirkung

In den Fällen des § 80 Abs. 2 Satz 1 Nr. 1–3, S. 2 VwGO ist der Antrag begründet, wenn der VA rechtswidrig und der Antragsteller dadurch in seinen Rechten verletzt ist.   **209**

3. Vollziehung trotz aufschiebender Wirkung

210 Hat die Behörde den VA trotz aufschiebender Wirkung eines Rechtsbehelfs vollzogen (sog. faktischer Vollzug), kann das Gericht analog § 80 Abs. 5 Satz 1 VwGO die aufschiebende Wirkung feststellen und analog § 80 Abs. 5 Satz 3 VwGO die Aufhebung des Vollzugs anordnen.

B. Anordnungsverfahren

I. Arten der einstweiligen Anordnung

211 In den Fällen, in denen in der Hauptsache keine Anfechtungsklage statthaft ist, gewährt § 123 VwGO vorläufigen Rechtsschutz. Man unterscheidet zwei Arten der einstweiligen Anordnung:

(1) Die Sicherungsanordnung (§ 123 Abs. 1 Satz 1 VwGO) soll der Gefahr entgegenwirken, dass die Verwirklichung eines Rechts des Antragstellers vereitelt oder wesentlich erschwert werden könnte. Die Sicherungsanordnung ist auf den Erhalt des status quo gerichtet und daher defensiv.

Bsp.: Beamtenrechtlicher Konkurrentenstreit mit dem Ziel, den Dienstposten nicht mit einem anderen Beamten zu besetzen; vorläufige Baueinstellung zugunsten eines Nachbarn.

(2) Die Regelungsanordnung (§ 123 Abs. 1 Satz 2 VwGO) ist offensiv. Mit ihr erstrebt der Antragsteller die vorläufige Begründung, Wiederherstellung oder Erweiterung einer Rechtsposition.

Bsp.: Vorläufige Zulassung zum Studium oder zu einer Prüfung; vorläufige Zulassung eines Schaustellers zu einem städtischen Jahrmarkt.

II. Zulässigkeit

1. Verwaltungsrechtsweg

212 Für den Antrag auf Erlass einer einstweiligen Anordnung muss der Verwaltungsrechtsweg (§ 40 Abs. 1 VwGO) eröffnet sein.

2. Statthaftigkeit

213 Der Antrag ist statthaft, wenn im Hauptsacheverfahren die Verpflichtungsklage (§ 42 Abs. 1, 2. Alt. VwGO), die allgemeine Leistungsklage oder die allgemeine Feststellungsklage (§ 43 Abs. 1 VwGO) richtige Klageart wäre (§ 123 Abs. 5 VwGO).

3. Antragsbefugnis

Der Antragsteller muss analog § 42 Abs. 2 VwGO antragsbefugt sein. **214**
Das ist der Fall, wenn ihm der geltend gemachte Anspruch möglicherweise zusteht (Anordnungsanspruch). Erforderlich ist zudem die mögliche Eilbedürftigkeit der vorläufigen gerichtlichen Entscheidung (Anordnungsgrund).

4. Zuständigkeit

Die Zuständigkeit des Gerichts folgt aus § 123 Abs. 2 VwGO (Gericht **215**
der Hauptsache).

5. Rechtsschutzbedürfnis

Die Anhängigkeit der Hauptsache ist nicht erforderlich („… auch schon **216**
vor Klageerhebung …", § 123 Abs. 1 Satz 1 VwGO). Das Rechtsschutzbedürfnis fehlt, wenn der Antragsteller sein Anliegen der Behörde nicht vorgetragen hat oder in der Hauptsache bereits unanfechtbar entschieden wurde.

III. Begründetheit

Der Antrag auf Erlass der einstweiligen Anordnung ist begründet, wenn **217**
der Antragsteller den Anordnungsanspruch und den Anordnungsgrund glaubhaft macht (§§ 123 Abs. 3 VwGO, 920 Abs. 2, 294 ZPO). Der Anordnungsanspruch ist der materielle Anspruch im Hauptsacheverfahren. Der Anordnungsgrund betrifft die Erforderlichkeit einer vorläufigen gerichtlichen Entscheidung. Glaubhaft gemacht sind tatsächliche Umstände dann, wenn das Gericht ihr Vorliegen für überwiegend wahrscheinlich hält, d. h. mehr für den Vortrag des Antragstellers spricht als dagegen.

Die einstweilige Anordnung darf die Hauptsache grds. nicht vorweg- **218**
nehmen. Das Gericht darf dem Antragsteller nicht etwas zusprechen, was ihm erst im Hauptsacheverfahren gewährt werden kann. Dieser Grds. wird allerdings durchbrochen, wenn für den Antragsteller ein

Abwarten der mit großer Wahrscheinlichkeit erfolgreichen Hauptsache-entscheidung unzumutbare und schwerwiegende Nachteile hätte.

Bsp. für Durchbrechungen des Hauptsachevorwegnahmeverbots: Vorläufige Versetzung in die nächsthöhere Schulklasse; vorläufige Zuerkennung existenznotwendiger Sozialhilfeleistungen.

C. Anhang: Instanzenzug in der Verwaltungsgerichtsbarkeit

```
                        ┌─────────────┐
                        │   BVerwG    │
                        │   Senate    │
                        │ (§ 10 Abs. 2│
                        │   VwGO)     │
                        │ fünf Richter│
                        │ (§ 10 Abs. 3│
                        │   VwGO)     │
                        └─────────────┘
                    ┌──────────────┐  ┌──────────────┐
                    │  Revision    │  │  Beschwerde  │
                    │  Urteile     │  │   Andere     │
┌─────────────┐ ┌───────────────┐ │  Zulassung   │  │Entscheidungen│
│Sprungrevision│ │    OVG        │ │ durch OVG    │  │ als Urteile  │
│  Urteile    │ │in Baden-      │ │ (§ 132 VwGO) │  │(nur ausnahms-│
│(§ 134 VwGO) │ │Württemberg,   │ │  Zulassung   │  │  weise,      │
└─────────────┘ │Bayern und     │ │durch BVerwG  │  │ § 152 VwGO)  │
                │Hessen: VGH    │ │auf Beschwerde│  │v. a. Nicht-  │
┌─────────────┐ │Senate         │ │(§§ 132 Abs. 1│  │ zulassung    │
│  Revision   │ │(§ 9 Abs. 2    │ │ 139 Abs. 2,  │  │der Revision  │
│bei Ausschuss│ │ VwGO)         │ │ 133 VwGO)    │  │(§ 133 VwGO)  │
│der Berufung │ │drei Richter   │ └──────────────┘  └──────────────┘
│  Urteile    │ │(nach Landes-  │
│(§ 135 VwGO) │ │recht ggf.     │
└─────────────┘ │zusätzlich     │
                │zwei ehren-    │
                │amtliche       │
                │Richter)       │
                │(§ 9 Abs. 3    │
                │ VwGO)         │
                └───────────────┘
                    ┌──────────────┐  ┌──────────────┐
                    │  Berufung    │  │  Beschwerde  │
                    │  Urteile     │  │   Andere     │
                    │ (§ 124 VwGO) │  │Entscheidungen│
                    │  Zulassung   │  │ als Urteile/ │
                    │  durch VG    │  │ Gerichts-    │
                    │(§ 124a Abs. 1│  │ bescheide,   │
                    │  VwGO)       │  │v. a. Beschlüsse│
                    │  Zulassung   │  │im vorläufigen│
 ┌─────────────┐    │ auf Antrag   │  │Rechtsschutz  │
 │    VG       │    │ durch OVG    │  │(§ 146 VwGO)  │
 │  Kammern    │    │(§ 124a Abs. 4│  └──────────────┘
 │(§ 5 Abs. 2  │    │ Abs. 5 VwGO) │
 │ VwGO)       │    └──────────────┘
 │drei Richter +│
 │zwei ehren-   │
 │amtliche      │
 │Richter       │
 │(§ 5 Abs. 3   │
 │ VwGO)        │
 └─────────────┘
```

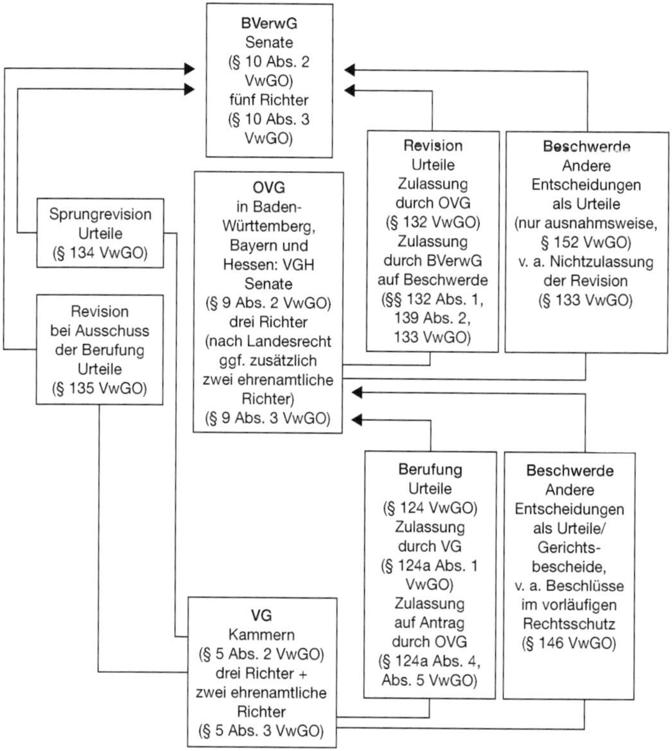

– Berufung ist das gegen Urteile des ersten Rechtszuges statthafte Rechtsmittel. Sie eröffnet eine neue, zweite Tatsacheninstanz.

– Als Revision bezeichnet man ein gegen Urteile zugelassenes Rechtsmittel, das nur auf eine Rechtsverletzung gestützt werden kann. Die angefochtene Entscheidung wird deshalb in tatsächlicher Hinsicht nicht nachgeprüft (vgl. § 137 Abs. 2 VwGO).

– Durch Gerichtsbescheid kann das Gericht gem. § 84 Abs. 1 VwGO ohne mündliche Verhandlung entscheiden, wenn die Sache keine besonderen Schwierigkeiten tatsächlicher oder rechtlicher Art aufweist und der Sachverhalt geklärt ist. Die Beteiligten sind vorher zu hören. Die Vorschriften über Urteile gelten entsprechend. Die gegen den Gerichtsbescheid einschlägigen Rechtsbehelfe ergeben sich aus § 84 Abs. 2 VwGO.

Stichwortverzeichnis

Die Zahlen beziehen sich auf die Randnummern des Werkes.

Stichwortverzeichnis

Stichwortverzeichnis

Stichwortverzeichnis